岩波新書精选09

逆说美国的民主

[日] 渡边靖 著
米彦军 译

新星出版社 NEW STAR PRESS

新经典文化股份有限公司
www.readinglife.com
出　品

谨以此书缅怀戴维·梅伯利·路易斯教授

（1929—2007）

致中国读者

隋唐时代以来，日本在约两千多年的时间里一直努力学习中国的学术、艺术、技术和文化。日本今日之发展，即仰仗中国伟大先哲长期以来的言传身教——这样说并不为过。中国，有学恩于日本。如今，借由新经典文化的翻译和出版，岩波新书来到中国读者面前，我想，这也算是对中国学恩的一点点谢意吧。

岩波新书与中国结缘已久。岩波新书创刊于1938年。前一年，日本加剧对中国的侵略，岩波书店创始人岩波茂雄对独断专行、破坏中日友好的军部感到强烈不满，遂决心创刊岩波新书。要想抵抗日益猖獗的军国主义思潮，首先必须要做的，就是实事求是地了解中国。岩波茂雄秉持着这种信念，最终选择了《奉天三十年》作为创刊的首部作品。

《奉天三十年》是19世纪末至20世纪初，在当时的沈阳努力推行医疗普及的爱尔兰教会医师克里斯蒂的回忆录。这本著作除了向读者展示了当时满洲发生的事情和民众的生活外，还是一本即便以今天的标准来看也颇有学术价值的著作。作为东亚的朋友，对中国人民怀有深切感情的岩波茂雄深受克里斯蒂的触动，将其回忆录翻译出版，以此开始了岩波新书的历史。

承先行者之志，岩波新书此后又出版了许多以中国历史、社会、文化、艺术为题的书籍。自创刊以来及至今日，由岩波新书发行的、以中国为主题的书籍已达140余册。我们对于中国的关注和热情从未衰减，对于岩波新书而言，“中国”已成为身边不可忽视的存在。

那么何谓“新书”呢？或许有必要向中国读者再次进行说明，因为新书是诞生于日本的独特出版物。

新书最大的特点是它“小而紧凑”。在字数上，新书大约在十万日文字左右。标题简练，通俗易懂。若是部头过大，则十分难读；若部头过小，则不能尽兴。而取其中庸的新书正符合日本人喜爱轻快节奏的心性。日本人就是喜欢新书这类书籍的人。

据说，目前日本已经出版了一百多种可称为“新书”的书籍。除岩波新书外，中公新书、讲谈社现代新书、筑摩新书、集英社新书、光文社新书等，以出版社冠名的新书种类数不胜数。各大出版社相互竞争，每月合计发售数十本新书。诸位读者日后来日本旅游时，也可顺路看看日本的书店。日本的书店会有一个“新书区域”，在这个区域，你会看到如同百花齐放般热闹的景象。

在百花齐放的新书领域，岩波新书是第一个在日本发行新书的老字号。创刊八十年以来，我们时时刻刻在满足着日本读者的求知欲和好奇心。岩波新书的一大特色就是其内容的可信度高。

我们在各个领域拥有最权威的学者、编辑和作家，产出了许多可称为名著的作品。在岩波新书出版著作是一件很有荣誉的事，这已经是日本各界达成的共识。

岩波新书擅长的领域是学术和纪实。畅游在学术世界里的学者为将思考和研究成果凝聚成一本小小册子而倾注心血，执笔著述。行走在“真实”世界中的新闻工作者则冷眼审视时代变迁和社会动向，以锋利的笔触向世人传递信息。无论在哪一领域，以满腔热血活跃在第一线，这就是岩波新书。

日本有一个词叫“修养新书”，这也可以说是岩波新书的代名词。读者可以在书中养性修身，进而构筑一个美好社会和世界，这便是岩波新书的目标。不止步于获取知识，而是将获取的知识与自我的生活、生命相连接，所谓“修养”就在于此。将更多的“修养新书”带到这个世界，这就是我们岩波新书的使命和理想。

此次经新经典文化发行的岩波新书，是我们从出版的 3 200 本书中严格挑选出来的。无论哪一本，都是了解日本历史、文化、社会的绝佳之作，对此我们深信不疑。

最后，我想向中国读者，以及从中牵线搭桥的新经典文化主编杨晓燕女士和各位翻译、校阅的老师致以深深的谢意。已经捧得本书的读者，希望这本书能够成为你美好的人生伴侣。

岩波新书主编　永沼浩一

2018 年 8 月

出版说明

本书是日本庆应义塾大学教授、美国研究专家渡边靖的著作。渡边靖留美十年，取得哈佛大学社会人类学博士学位；主攻美国研究方向，曾在波士顿进行为期三年的社会调查，对美国社会情况有深入了解。

顾名思义，本书是一部深入剖析美国式民主制度、民主思想特点与现状的作品。首先从 2005 年卡特里娜飓风灾害入手，探讨了飓风给美国新奥尔良市造成巨大损失的原因，由该事件引出美国社会的种种弊病和美国式民主的困境。接下来分别介绍与探讨了美国人政治不信任感的根源和对安保的偏执追求、美国多样性的未来以及“美国主义”的特点。本书日文原名可直译为“美国式民主的悖论”，其落脚点在于“悖论”，也就是说，本书的重点在于探讨以下问题：为保障自由而建立起来的美国政治、法律制度是如何反过来阻碍了自由的进程，身为“大熔炉”的美国为何越来越闭塞、分裂，在他国眼中“富裕”“先进”的美国为什么难以解决贫困问题……

因本书出自日本学者之手，其观点难免体现出一定的局限性，请读者在阅读时独立思考、客观判断。

目录

第一章　美国式民主的光与影　001

一、名曰“回归”的“变革”……005

二、另一个“回归”……013

三、奥巴马主义……019

四、再访新奥尔良……025

五、悖论性现实……034

第二章　政治不信任感的根源　041

一、伊拉克开战决议之日……045

二、法人化的民主主义……053

三、渐趋一致的两大政党……063

四、游戏化的竞选活动……071

五、被支配的媒体……076

第三章　偏执的安保意识　083

一、门禁社区……087

二、巨型教会……092

三、第三世界化的美国……098

四、种族政治学……110
五、恐惧的文化……118
六、审计文化……123
七、孤独的个人主义……128

第四章　多样性的未来　135

一、多样性的源泉……139
二、保守势力的反弹……145
三、左右原旨主义及其陷阱……157
四、多样性和市场主义……163

第五章　对美国主义的再思考　171

一、强烈的自我意识……175
二、帝国论……184
三、美国的反省……189
四、他国对美国的看法……194
五、另一个悖论……205

后　记　217

第一章　美国式民主的光与影

我仍将奋起

你可以肆意歪曲，用满篇谎言
将我写入史册；
你可以将我踩进烂泥，
但正如尘土，我仍将奋起。

（略）

你想看到我崩溃，
垂头丧气，低眉顺眼，
瑟缩双肩，泪流满面，
脆弱不堪，从灵魂深处发出号泣？

（略）

尽管用你的言语之箭射向我，
尽管用你的目光之刃斩向我，
用你的憎恶杀死我吧，
但正如空气，我仍将奋起。

（略）

把黑夜的惊慌恐惧抛在身后

我奋起！

走向黎明时分的澄澈明空

我奋起！

带着祖先的馈赠，

我是奴隶的梦与希望。

我奋起！

我奋起！

我奋起！

——玛娅·安杰洛

水崎野里子 译

（《现代美国黑人女性诗集》，星期六美术社出版销售，1999年收录）

一、名曰“回归”的“变革”

马克思之梦

可以确定的是，那时，美国人精神振奋，整个社会士气高昂。正是从这一美妙的“高昂”气氛中，我发现了美国式民主的最佳资质和潜能。2009 年 1 月，第 44 任美利坚合众国总统贝拉克·侯赛因·奥巴马举行了就职仪式。

美国参议员黛安·费恩斯坦（民主党，加利福尼亚州人，当时职衔，以下基本相同）——曾任旧金山市第一位女市长——以总统就职仪式委员会主席的身份宣布仪式开幕。这件事令我感触颇深：一位女性主持总统就职仪式，这在美国历史上还是第一次。

在总统就职仪式上，按惯例进行祈祷的宗教人士是里克·沃伦牧师，他来自全美屈指可数的巨型教会（megachurch，基督教保守派教会）萨多尔巴克教会（位于加利福尼亚州）。奥巴马很清楚，提拔并起用该牧师势必遭到自由派的强烈反对。然而，正是此事令人感觉到他非同寻常的决心——本着“求同存异”（agree to disagree）的原则，追寻“一个美国”的实现。

奥巴马总统宣誓就职（2009年1月20日，© 法新社 查克·肯尼迪 摄）

随后，奥巴马总统宣誓就职。身旁是他的夫人米歇尔。她手捧着亚伯拉罕·林肯总统于1861年宣布《解放黑奴宣言》时使用过的《圣经》。一想到这位夫人的祖先曾是南卡罗来纳州南部的黑奴，我便不由感到心潮澎湃。

黑奴曾参与白宫的基础建设，但黑人家庭入主白宫在美国历史上还是第一次。此事距林肯总统宣布《解放黑奴宣言》一个半世纪；距马丁·路德·金发表热情洋溢的“我有一个梦”演说半个世纪。从这个意义上讲，奥巴马就任总统对美国来说是一个极其重要的历史瞬间。

曾几何时，当亚伯拉罕·林肯再次当选美国总统时，卡尔·马克思代表欧洲的劳苦大众发去了寄予厚望的贺电。对马克思来说，美国是“大约一百年前最先产生了伟大的民主共和国思想的地方，宣布了第一个人权宣言（《独立宣言》）和最先推动了 18 世纪欧洲革命的地方”（《马克思恩格斯全集》第十六卷）。奥巴马就任美国总统一事让人感觉到“民主共和国”的脉搏，正因如此，人们才超越了党派，分享同样的感动。

在亚拉巴马州南部，歧视黑人的传统根深蒂固，康多莉扎·赖斯国务卿（隶属共和党）就出生在这里。总统大选结束后的第二天，赖斯匆匆赶来参加美国国务院发言人的例行记者招待会，在会上，她动情地说：“作为非洲裔美国人，我感到十分骄傲。……为了不让种族问题成为影响日常生活的重要因素，这个国家走过了漫长的旅程。尽管这项工作还未完成，但昨夜我们取得了惊人的重大进展。”这与奥巴马本人在竞选总统时表达的美国观不谋而合：“或许这个国家还达不到完全的社会融合，但是每一代的融合程度都在不断加强。”

在竞选中失利后，共和党总统候选人、参议员约翰·麦凯恩发表了一段极富风度的败选宣言：

> 一个世纪以前，西奥多·罗斯福总统邀请布克·T. 华盛顿（黑人政治家、教育家、作家）在白宫共进晚餐，全国有许多人认为这是一件骇人听闻的事。但今天的美国已经是一个完全不同的世界了，残忍以及可怕的顽固一去不复返了。

之后，他又态度坚定地声明要和种族歧视说再见：

> 再也没有比一位非洲裔美国人当选美国总统更能证明这一点了。我们要让所有的美国人都没有理由不珍视他们的国民身份，不珍视这个地球上最伟大国家的国民身份。

在越战期间，麦凯恩驾驶的飞机在越南河内上空被击落，当时受伤的后遗症令他至今双臂不能举过肩。经过一年的俘虏生活，其父升任太平洋地区司令官，越南民主共和国（北越）军方出于政治上的考虑决定释放他。然而，他却拒绝抛下同伴回国，于是又在集中营多待了四年。从这些经历来看，尽管在总统竞选中败给了奥巴马，但麦凯恩对美国理念的信念并没有丝毫动摇。

我呼吁所有的美国人，就像我以前在竞选中说的那样，不要对我们目前的困难感到绝望，要相信，一直相信美国的前景和伟大，因为没有什么事情是必然的。

19 世纪的法国思想家、外交家阿历克西·德·托克维尔在其 1835 年出版的近代民主主义经典著作《论美国的民主》中写道："美国人的巨大优点不是在文化上比其他民族受到了更多启蒙，而是拥有纠正自身错误的能力。"

父亲出生于非洲肯尼亚，家境虽殷实但并非世袭政治家——拥有这般家庭背景的奥巴马却入主权力中枢白宫，这一事实雄辩地说明美国式民主确实颇具活力。在总统就职仪式举行时，我的一些同事和朋友、一些平日里总在批判美国的美国人，也发来了出人意料的电子邮件："作为美国人，我们一直对美国政治和美国社会感到失望，每当看到星条旗飘扬的样子就感到十分丢人。但是今天，我们却感到十分自豪，甚至忍不住挥舞起星条旗。"

奥巴马的保守性

奥巴马打出"变革"的旗号，无疑是针对乔治·W. 布什（小布什，若无特别提及以下皆同）执政八年间的情况。然而，需要注意的是，若将其对布什政府的批评和不满归结为意识形态对立或党派对立，那就与小布什的心腹卡尔·罗夫之流以党派利益和党派策略为主导的时代无甚区别。奥巴马指向更高层次的目标，那就是超越长期以来腐蚀当代美国社会的“分离的政治”，将蔓延的犬儒主义“变革”为“希望”。这表明其志在“回归”“民主共和国”——或者说“理念的共和国”（由19世纪末政治学家约翰·W. 伯吉斯提出）——的理想和传统。从这个意义上讲，甚至可以说奥巴马本质上是“保守的”。

其证据便是，在担任美国联邦参议员期间，奥巴马办公室的墙上挂着亚伯拉罕·林肯的肖像。这么说并不仅仅因为他们同为伊利诺伊州出身、同为出人头地的政治家，而且林肯还是黑奴解放之父；毋宁说，林肯在南北战争时代统一了分裂的美国，通过起用政敌为内阁成员来谋求国家团结，以“民有、民治、民享”为目标——这才是至关重要的一点。

在总统大选中获胜后，奥巴马于2008年11月4日晚在芝加哥当地发表了演讲，他并未因为取得历史性胜利而得意忘形，反而表现出对失败了的共和党支持者的顾念：

> 让我们牢记，当来自伊利诺伊州的一位先生（林肯——作者注）首次将共和党大旗扛进白宫时，伴随着他的是自强自立、个人自由、国家统一的共和党建党理念。这也是我们所有人都珍视的理念。虽然民主党今晚大胜，但我们

态度谦卑，并决心弥合阻碍我们进步的分歧。

紧接着，奥巴马呼吁国民团结一致：

> 当年，林肯面对的是一个远比目前更为分裂的国家。他说："我们不是敌人，而是朋友……虽然激情可能不再，但是我们的感情纽带不会割断。"

民主主义并不等于少数服从多数。毋宁说，其真正价值恰恰在于胜利者（多数派）能在多大程度上倾听失败者（少数派）的声音并赢得他们的信任和共鸣。若把"数字逻辑"当作挡箭牌，轻视失败者（少数派），那就成了托克维尔所担心的"多数派专制"。

奥巴马对林肯的敬意和景仰在其总统就职演说中表现得淋漓尽致。他部分再现了林肯于1861年乘火车前往华盛顿哥伦比亚特区就任总统的故事；在林肯纪念堂举办有五十万听众参与的就职庆祝音乐会——《我们是一体》；并以"自由的新生——纪念林肯诞辰二百周年"为总统就职仪式的主题，这是引用自葛底斯堡演讲中"使国家在上帝福佑下获得自由的新生"一节。仪式后，为招待议会领导而举办的午宴上的菜单和林肯就任时的完全相同，甚至还使用了当时白宫陶器的复制品。由此可见在关于林肯的问题上，奥巴马是多么讲究细节。

奥巴马夫妇抵达在林肯纪念堂举办的就职庆祝音乐会现场（2009年1月18日，©法新社 马克·拉尔斯顿 摄）

二、另一个“回归”

关于自由的争论

虽然奥巴马打出“自由的新生”这一旗号，但林肯曾就“自由”做过下述阐释：“我们都讴歌自由。然而，即便使用的是同一个词，也未必是同一个意思。”

比如，新罕布什尔州将该州的标语定为：“不自由，毋宁死”（Live Free or Die）。这句话颂扬了美国为从英国获得“自由”而进行独立战争的精神，该州的车牌上也都写着这句话。然而，在距今三十年前，曾发生过一名男子因故意遮盖车牌上的这句标语而被罚款之事。他分辩说：“我没有理由在生活方式上遵从政府的指示，我的生命只奉献给上帝。”双方的争执甚至惊动了联邦最高法院，结果法院出于重视信仰和言论自由的立场判定该男子胜诉。

这在顺从于中央政府的日本是一件难以想象的事。不过，我们只要翻开美国建国以来的历史，就会发现关于怎样解释“自由”这个词的争论一直是推动美国社会发展的一条重要规律，尤其是把联邦政府看作“对自由的威胁”还是“实现自由的手段”这个问题。

1776 年发表的《独立宣言》讴歌了从专制君主制中的解放

和共和制国家的诞生。然而，就建设什么形式的国家而言，主张建立中央集权式强大联邦政府的联邦派和其反对派发生了争执，并渐趋白热化。结果，为了防止联邦政府出现“专制君主化”的趋势，三权分立、民主主义、各州拥有自治权等各种各样的原则被写入了宪法草案。草案以微弱优势通过，根据正式宪法，乔治·华盛顿当选为第一任总统，于1789年4月在当时的首都——纽约的华尔街举行了总统就职仪式。当时，北卡罗来纳和罗德岛两个邦因为拒绝批准宪法而未加入联邦。

1861年，南北战争爆发。纷争的根本原因并不仅仅是奴隶制，而是早在宪法制定时就存在的以工商业为中心的北方和以农业为中心的南方之间的矛盾。北方试图通过保护贸易和建立国家银行来加强中央集权。与之相对，南方十一州则建立了美利坚联盟国（CSA），制定自己的宪法并选举杰弗逊·戴维斯将军为总统，与“USA”（美利坚合众国）对抗。如果当时与南方棉花种植园关系密切的英国支持了CSA，或许就不会有今天的USA了（英国因为接受林肯的《解放黑奴宣言》而倾向于支持北方）。

南北战争结束后，在北方的主导下，美国统一，开始作为近代工业国家飞速成长。但是，因为考虑到工商界的意见，共和党采取了自由放任的执政理念，最终导致了1929年经济危机的爆发。结果，社会上出现了一种新思潮：为了救助社会弱势群体、真正实现公正而自由的社会，联邦政府的积极介入不可或缺。可以说，富兰克林·罗斯福以“修正资本主义”的立场施行的新政就是其象征。但我们也不应该忘记，新政招致了以实业界为首的一部分人的强烈反对，联邦最高法院甚至对其中的部分内容下达了违宪判决，可见联邦政府引起了人们多么强烈的警觉。

在美国，人们将这种与自由放任相反的政治思想称作“自由主义”（liberalism），和欧洲的“自由主义”在内涵上正好相反。从第二次世界大战到20世纪70年代，“自由主义”是最主流的政治思潮。以民主党为主导，战后的福利型国家、20世纪60年代的民权运动、对第三世界国家的援助都是其体现。

需要指出的是，美国是在否定君主制和贵族制等身份制社会的基础上形成的，所以这里几乎不存在对近代本身持怀疑态度的欧洲式的保守主义，其建国思想是约翰·洛克等人所主张的尊重个人自由和权利的启蒙思想。思想家汉娜·阿伦特曾做过一项著名的论断，她说，正是美国独立战争使个人契约，而不是君王或宗教成为制定社会规则的权威，这是近代史上唯一一个成功案例。

另一方面，美国社会一贯有注重自治和独立精神的传统。在这里，为了与传统的保守主义相抗衡，以政府权力为媒介、以激进方式实现社会平等的社会主义思想并未如在欧洲一般被广泛接受。也就是说，总的来说，欧洲的政治空间是由“保守主义—自由主义—社会主义”这三个轴组成的。而在美国，不论“保守主义”还是“自由主义”都是以（广义上的）自由主义为前提的，意识形态之间的差距原本就很小，甚至有人认为“保守主义”只不过是自由主义右派，而“自由主义”只不过是自由主义左派。

走进“自治”时代

石油危机之后，美国财政状况拮据，管理机构臃肿，且深陷越战泥潭。这样，以合理主义、社会工学思维为基础的“自由主义”被视为一种“宏大叙事”而减色不少。“反主流文化”（counterculture）运动和唯我主义（meism）的流行就是很好的例子。另一方面，以南方白人阶层为中心展开的民权运动及其主导者民主党也招致了越来越多的反感。在1980年举行的美国总统大选中，共和党总统候选人罗纳德·里根获胜，这件事标志着“自由主义”因遭受否定而就此终结。里根在总统就职演说中提出了一个有名的论断：“政府不能解决我们的问题，它本身就是问题。”

以里根为首的“保守主义联盟”主要由以下四种势力组成：①安全保障保守派，也即“新保守主义”（Neoconservatism），他们以越战的失败和冷战的现实为戒，追求恢复“强大美国”的权力；②经济保守派，也即“新自由主义”（Neoliberalism），他们提倡以减税、放松管制、民营化、自由贸易为象征的“小政府”；③社会保守派，以恢复被民权运动和反主流文化运动削弱的“传统价值观”为目标，以在政治上非常活跃的基督教保守派为中心，发展宗教右派势力；④传统的稳健保守派，即“老共和党”（Old Republican）。

在这一背景下，“自由主义”成了“软弱外交”“臃肿政府”“道德败坏”的代名词。在20世纪90年代的八年间，虽然民主党的比尔·克林顿总统夺回了政权，但他仍然不得不向保守势力妥协，采取了“（向右转的）中间路线”。

举例来说，2008年秋，以雷曼兄弟银行破产为导火索而爆发的金融危机，其原因之一就是银行业务和证券业务之间的界限越来越模糊，银行远离其主业而向高风险投资倾斜。原本，美国在大萧条时期制定了《格拉斯－斯蒂格尔法案》，严格区分银行业务和证券业务。但在放松管制的潮流中，克林顿于1999年——其任期内——废除了该法。

话说回来，“保守主义联盟”内部在执政逻辑上也并非完全一致。比如，自由至上主义者反对政府干涉经济和社会生活，或主张将这种干涉限定在最小范围内，而他们之中又有很多人出于对政府干涉婚姻和家庭这种私人领域的厌恶而反对政府禁止同性婚姻，这与宗教右派的立场截然相反。2003年，在美国对伊拉克开战之际，原美国国务卿詹姆斯·贝克、科林·鲍威尔等人便从较为稳健的立场上主张有限度地参战、重视国际社会的协调与合作，这与新保守主义的立场相当不同。

换言之，里根总统的“保守主义联盟”说到底只是乌合之众，将他们结合在一起的“最大公约数”是“自治”（self-governance）的理念。这就是说，对内排斥政府的干涉，重视个人、企业、社区的自由和自治；对外排斥其他国家、国际社会特别是联合国等国际机构的干涉，保障作为国家的自由和自治。将政府看作实现自由的手段——自由主义者的这种想法是在大萧条这一极为特殊的状况下产生的特例。换句话说，美国社会的基本思想依然是“自治”（反之，在自由主义者眼里，保守派这种几近顽固的对政府的不信任恰恰是“反理性主义”的证据）。

从这个意义上来说，2008 年总统大选中共和党候选人麦凯恩的口号“国家优先”（Country First）就十分耐人寻味了。对联邦政府的怀疑态度和“国家优先”的主张并存——这在日本人看来有些匪夷所思。尽管如此，信奉“自治”这一点却能将两者联系起来——这就是保守主义的美国。

里根总统最喜欢的口号“回复本原”（Back to Basics）的诀窍就在于“自治”，这也正是他力图“保守”的东西。甚至可以说，在向美国的原点“回归”这一点上，奥巴马和里根确有相似之处。只不过里根以采取否定自由主义的方式实现了“回归”，而奥巴马更注重“兼收并蓄式”的思想和手法，这是二者最大的不同。

三、奥巴马主义

“兼收并蓄式”思想和手法

这里所说的“兼收并蓄式”指的是“超越二元对立”和“尊重多元价值观”。奥巴马曾说“既没有自由主义的美国，也没有保守主义的美国，只有美利坚合众国这个国家”，“我们今天应该关注的并非政府的大小，而是政府是否起作用”，说明他试图超脱左右派意识形态的对立。

在布拉格演讲中，他用“无核武的世界”这一概念将国际社会的利益和美国的国家利益结合在一起，说明理想主义和现实主义不可分割。既重视硬实力，也重视软实力；既同鸽派接触，也同鹰派接触，不先验地排除任何一方。

他还说：“这就是我们作为一个民族荣辱与共的信仰。假如，芝加哥南部的一个孩子无法读书识字，即便他与我非亲非故，我也会心怀忐忑。（中略）假如，一个阿拉伯裔的美国家庭未经律师辩护或诉讼程序就遭受不公正待遇，同样会让我寝食难安。”这令人想起约翰·F. 肯尼迪总统曾说的“如果自由社会不能帮助众多的穷人，也就不能保全少数的富人”。同时，这种想法也超越了自己和他人、内和外的矛盾。在相互依存关系日益加深的当代世界，这成为支撑奥巴马对内采取干预政策、对外采取国际协调路线的思想基础。

从本质上来说，将乍看相反的立场进行折中——这种想法和手段允许了多元价值观的存在。这点对内表现为与林肯相似的、以“政敌团队”为基调的组阁方式，对外则表现为他在 2009 年 6 月开罗演说等场合中提出的“美国与伊斯兰世界的和解”。

美国历来将自己比作“山巅之城”“昭昭天命”“地球上最后、最好的希望”，体现了一种近似于选民思想的自我理解方式。历代总统都通过这样的言论来谋求国家团结。父亲出生于肯尼亚，母亲是人类学学者，在印度尼西亚度过孩提时代，以少数群体的身份在位于太平洋中央的夏威夷长大——这样的奥巴马对美国的理解是多面的、多义的，至少与将美国的正义视为绝对并试图将其传播到全世界的态度截然不同。2009 年 11 月访问日本时，奥巴马在皇宫向日本天皇和皇后深鞠躬，由此引发了议论。前副总统迪克·切尼批评奥巴马说：“美国总统没有必要向任何人低头。”从这儿可以看出二人的认识迥然相异。

奥巴马曾经引用林肯的话说：“与其说上帝站在哪一边，不如说我们站在上帝这一边。”其中蕴含了对小布什外交的讽刺，后者强调“上帝在我们这一边”，认为美国的正义是绝对的。奥巴马在诺贝尔和平奖获奖演说中表示要“以史为鉴，承认人类的不完美和理性的局限”，这和他本人对美国的认识是吻合的。

2009 年 1 月，奥巴马作为总统签署的第一份文件就是《莉莉·莱德贝特公平酬劳法》（Lilly Ledbetter Fair Pay Act）。该法

奥巴马总统在《公平酬劳法》上签名。他背后的女士就是莉莉·莱德贝特（2009 年 1 月 20 日，白宫主页）

案旨在方便人们发起与工资歧视相关的诉讼，以一名七十岁白人女性的名字命名，该女性退休前曾在大型轮胎制造商固特异的亚拉巴马州工厂工作，长年来致力于同工资性别歧视做斗争。奥巴马夫妇在竞选总统期间和她相识，邀请她一起乘火车前往纽约参加总统就职仪式、参加舞会和法案签署仪式。奥巴马赞赏她虽然只是一名默默无闻的普通工人，但一直在为了下一代的权益斗争，并确认将让所有人——不论年龄、性别、种族，都能在社会和经济上得到公正待遇。

几乎与此同时，奥巴马在“开放式政府”的两份备忘录上签名：第一份提出“在难以决定是否公开信息的时候，选择公开”的方针，是对小布什政府方针的纠正；第二份备忘录由“透明”“参与”“合作”三原则组成，承认“联邦政府的信息是全体国民的财产”，并在这一认识的基础上公开信息，出于“政府应充分利用广泛散布于全社会的知识”这一想法，提倡向公民征集意见、搜集信息，打破部门壁垒、协调合作，为国民提供行政服务。不管哪一项措施，其特点都是充分利用最新的网络技术，实现“新型公共服务”的精神。

严峻现实

上述一系列措施集中体现了奥巴马的兼收并蓄式思维和手法，以及试图以“回归”的方式实现“变革”的政治意图。与之相通的是，他曾作为社区组织者促进芝加哥南部居民生活自立，也曾通过动员草根网络力量赢得选举战。

那么，美国社会在多大程度上认可这种兼收并蓄，又能够在多大程度上回归到奥巴马提出的理想和传统价值观呢？

2008 年总统大选带给我的最大感触是，美国政治中保守主义的潮流根深蒂固，要想对其实行“变革”，其实并不像日本人想象的那么容易。

共和党在 2006 年的中期选举中大败，此时偏又遇上大萧条以来最严重的金融危机。尽管如此，共和党总统候选人麦凯恩

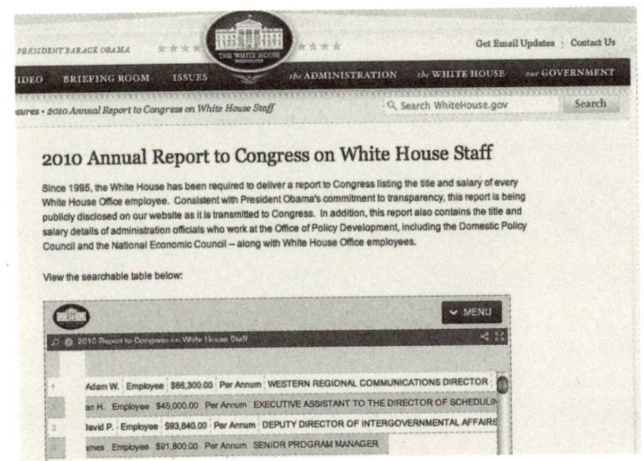

体现“开放式政府”的一个例子：白宫网站网页原则上公开了白宫所有职员的工资

依然获得了22个州（173个选举人）的选票。大萧条之后，在1932年举行的总统大选中，共和党仅仅得到6个州（59个选举人）的选票。对比一下两次选举的得票率，共和党在1932年大选中惨败，比民主党少18%，而在2008年却只比民主党少7%。

直到2008年8月，两党的支持率仍不分伯仲，保守派成员萨拉·佩林被指定为共和党的副总统候选人后，麦凯恩的支持率甚至一度领先。虽然奥巴马最终获胜，但很多州一直缠斗到最后阶段。尤其值得一提的是，虽然奥巴马的经济政策得到了著名投资家沃伦·巴菲特的支持，但依然被指责为“社会主义色彩浓厚”。

尽管奥巴马在选举宣传中投入的资金有麦凯恩的三倍之多，但白人——特别是低学历、低收入层的白人对奥巴马的成见依然很大。有13%的人始终误认为奥巴马是伊斯兰教徒。而且，直到最后，"自由主义"仍被当作"大政府""左翼""精英主义"的同义词而受到否定。奥巴马本人也只是勉强能称自己是"进步主义的"。

在他就任总统后，媒体进行了各种各样的舆论调查，结果发现自称保守派的人依然比自称自由派的人多近两倍。从经济刺激政策、医疗保险改革、金融监管改革、移民法改革到温室效应应对措施和能源法案，各党派和各种意识形态之间的对立也没有丝毫改观的迹象。

在内政外交各种重要问题堆积如山的情况下，奥巴马提倡

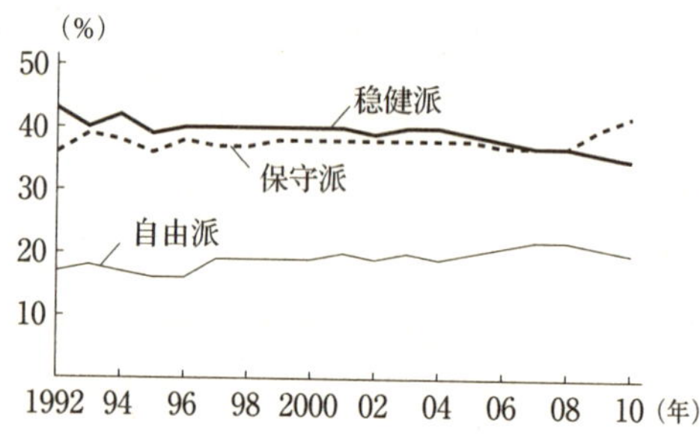

美国人的政治归属意识

注： 1992年—2009年的数据为年平均值，2010年为上半年的数据

出处： 盖洛普公司

的兼收并蓄式思维和手法究竟能起到多大作用？他所宣称要回归的美国理想和传统又有多大价值？对一方面重视原则和理念、另一方面又十分功利主义的美国人来说，这些是比赞不赞成某项具体政策和每天支持率如何变动更加重要的问题。

与此同时，从我个人的角度而言，不得不说这些现象背后横亘着美国民主主义最根本的问题，它超越了奥巴马本人的领袖魅力、资质和能力，也超越了华盛顿的政治状况和政治角力。

为了寻找其线索，让我们回溯时空，从再访新奥尔良谈起。

四、再访新奥尔良

悲剧的真相

2005 年 8 月末，史上最大规模的飓风“卡特里娜”袭击了美国东南部，造成超过 1 800 人死亡。世界各国媒体对新奥尔良市乃至美国防灾救灾措施的不足进行了批判。此后再谈及新奥尔良市，即便不能说是“野蛮”，至少也有些陈腐。即便如此，我仍想再访新奥尔良，原因是当时从受灾现场传来的一个电视画面给我留下了深刻的印象。

这个画面捕捉到了灾难发生一周后的一个瞬间：雷·纳金市长命令警察强行驱离残留在灾区的一万多名市民，而部分居民一边开枪，一边与警察、民兵对抗。

我并非对市民拥有枪支这件事感到惊讶——这是受合众国宪法保护的权利。然而，居民自身仍处于有生命危险的状况之中，有开枪抵抗的必要吗？如此强烈的不信任感到底从何而来？这里的枪声是如何与美国社会的其他部分产生共鸣的？

抱着这样的思考，我在2008年2月初次访问了灾后的新奥尔良。这是一个冬日，距1 800名市民丧生已有两年半的时间。

我和新奥尔良大学的文化人类学教授马萨·沃德取得联系，

市民手持宪法中的相关条款与强制撤离令对抗（2005年9月9日，© 法新社 赫克托·玛塔 摄）

请她带我在市内转一转。这位教授以新奥尔良市为调查领域，并以研究在当地有深厚传统的伏都教（Voodoo）而著称。

新奥尔良的海拔为负 2 米左右，四周湖河环绕，是俗称“汤盘”的地形。联邦政府、州政府等相关部门至少在五年前就已预想过这种“零海拔地带”遭遇强飓风侵袭的危险性，还为此实施过两次模拟演练。所以在卡特里娜登陆之前，85%的居民已经前往他处避难，平心而论，这个比例已经相当高了。

然而，发展中国家姑且不论，在发达国家美国，这种规模的自然灾害竟然造成了超过 1 800 名牺牲者，这是极不寻常的。至于背后原因，最广为人知的有两点：堤坝、排水等硬件设施的建设存在问题；灾后救济和重建工作进展缓慢。

但是，沃德教授认为其背景极为复杂，并不能单纯归结为一种因素。

比如说，佛罗里达州也同样多次遭受飓风侵袭，但是其救济和灾后重建工作所花费的时间很短。这里居住着很多退休人员和有钱人，当地人也多有购买洪水保险等各种保险，所以他们拥有灾后重建的能力。另外，佛罗里达州在历届总统大选中都是能够决定选举结果走向的所谓“激战州”（选票争夺战十分激烈的州），这样的政治环境使它更容易得到联邦政府和州政府的迅速应对和赈灾救济。

与此相比，新奥尔良市所在的路易斯安那州是全美居民个人收入最低的州，贫困人口多，加入各种保险的人很少，缺乏自主重建的能力。而且，在总统竞选中，它是共和党的大本营，很少会成为所谓“激战州”，因而不容易得到政治上的关照。

为了赈灾和进行灾后重建，路易斯安那州动员了民兵。然而，当时相当于该州民兵总数三分之一的三千人已经被派遣到伊拉克。虽然得到了其他州的工兵部队和直升机支援，但也不能指望“外人”拥有立即作战的能力。虽然在 2004 年进行模拟演习时就发现救灾和灾后重建需要制定周密的计划，但当时受伊拉克战争经费增加的影响，联邦政府在飓风应对措施上的预算很有限。

此外，白宫（总统府）、FEMA（美国联邦应急管理署）、路易斯安那州政府、新奥尔良市当局（市长、市议会）等相关机构在处理灾情时也多有不当之处。

首先，就白宫方面的应对措施而言，沃德教授对小布什总统在 2006 年面向美国民众的演讲中将新奥尔良市市民称为“people down there”一事表示了强烈的愤怒。所谓“down there”是指“距离说话人较远的地方”，虽然是日常生活中的常用词汇，但也可以用来表示“那个落后的地方”，带有轻蔑的含义。沃德教授说：“1965 年飓风珀翠袭击新奥尔良市时，林顿·约翰逊总统立即赶到了最贫穷的地区——第九区的低洼地带视察，还留在新奥尔良市亲自指挥赈灾活动。总统与我们同在——这给了我们极大的鼓舞。与此相比，小布什总统未免过于冷淡了。”她还说，直到现在，只要一下大雨，她就会感觉非常不安。

其次，FEMA 作为直属于美国总统的独立机构，在 2001 年“9·11”恐怖袭击以前曾获得过国内外的高度评价。然而，在 2003 年，它变成了以应对恐怖袭击为主要目的而设立的国土安全保障部的下属机构，遭到降级，预算和人员都被相应削减，包括机构领导在内、为数众多的灾害应对专家离职（受灾时有五百个职位空缺，相当于整体的五分之一）。在卡特里娜肆虐时，为了广泛动员联邦机构，有必要将其认定为“国家级自然灾害”。然而，国土安全保障部长官竟然在浸水开始一天之后才予以认定。

与同样受到飓风卡特里娜袭击的亚拉巴马州、密西西比州相比，路易斯安那州的灾后复兴工作进展迟缓。人们纷纷要求追究州政府，尤其是隶属于民主党的凯瑟琳·布兰科州长的责任。

新奥尔良市低洼地带第九区（本书作者拍摄）

结果，这位州长放弃参与2007年举行的州长选举，只一任就下台了。据沃德教授说，在救灾应对和灾后重建等问题上，民主党州长和共和党总统有政见分歧。

最后，就新奥尔良市当局来说，虽然民主党的纳金市长亲自组织了复兴委员会、制订了复兴计划，但市议会也另行制订了复兴计划，结果两者互相抗衡，难以并行。(不仅如此，FEMA也独自制订了复兴计划，形成了三足鼎立之势。)还有这样一种说法，当初之所以纳金市长在下达强制避难命令时犹疑不决，是因为担心如果飓风改变登陆路径、使新奥尔良免于受灾，民间企业会向市政府索赔损失。

结果，相关机构不仅没能协调合作，还互相推诿责任，甚至发展为情绪上的对立。再加上媒体连日报道各部门负责人政治上的腐败行为和缺乏紧迫感、思虑欠妥的言行，触怒了市民，就更加深了他们对政治的不信任感。

"美国城市规划史上最大的犯罪行为"

自然灾害会暴露社会的阴暗面。有的人虽然接到了飓风警报和避难命令，却没有用于逃难的资金和汽车；有的人担心好不容易买到的家具会被抢走而留在家里；有的人因为没有食物和水而不得不靠打劫超市活命；有的人因为没有购买保险——或者因为滞纳保险费而领不到钱——而不得不露宿街头；尽管联邦政府决定支付每户人家两千美元的救助金，但有的人却连银行账户也没有。

2006年的人口动态统计显示，美国公民的贫困率（年收入不足21 000美元的四口之家）为12.3%，1968年林顿·约翰逊总统提出“与贫困做斗争”的口号时是12.8%，情况几乎没有得到改善。黑人的贫困率为24%。该统计数据还显示，和密歇根州的底特律、马里兰州的巴尔的摩一样，新奥尔良市的黑人人口占到居民的三分之二，比全美黑人人口平均比例13%高出很多，黑人的贫困阶层占比达到30%。

虽然卡特里娜飓风将黑人贫困层的存在或者说美国社会中存在的贫困问题暴露无遗，但其带来的最大启示莫如说是如何应对贫困层或者如何应对贫困这个问题。

当时，各种谣言甚嚣尘上，“新奥尔良市内强奸、抢劫及杀人事件横行”“新奥尔良超级圆顶体育场和会议中心有数十人惨遭杀害，尸体堆放在那里无人理会”“黑人灾民饥饿不堪，开始吃尸体”，等等，仿佛整个新奥尔良都变成了“无法地带”。尽管事后证明其中大部分都是空穴来风，但是，直到市内街道的治安得到保障为止，一切救灾举措都被暂停，食品和饮用水的配给直到灾后第五天才开始实行。

虽说灾害发生时流言造成损失是常态，但卡特里娜飓风灾害的特点是，“政府为消灭贫困阶层而炸毁了堤坝”这一类与政府相关的流言特别多。

另一方面，与新奥尔良市相邻的格雷特那市甚至出动了保安部队，将枪口对准来自新奥尔良的逃难者，阻止他们过桥拥入格雷特那市。格雷特那市当局解释说没有准备避难所和配给物资，但新奥尔良市方面则认定其背后原因是对治安恶化的担忧和种族歧视，因为白人占格雷特那市人口的56%，是多数派。

其中，争议最大的是“低收入者住宅小区”问题。早在卡特里娜到来以前，新奥尔良市就有五千户人家住在“低收入者住宅小区”。市民对那里的普遍印象是“犯罪和毒品交易的温床”，小区的运营管理问题也经常受到批评，但小区的设计和建筑质量却得到了很高评价：耐久性强，能够抵御气象灾害，是卡特里娜飓风灾害中受损最轻的建筑物之一。

然而，灾后，住宅都市开发部开始推动拆除上述小区的计划。据说他们准备在空地上建造多收入阶层混合型住宅（mixed-income housing）和大型购物中心。这就好像在表示拒绝逃难的居民回来居住。事实上，据《华尔街日报》（2005年9月9日）报道，由路易斯安那州选出的美国联邦众议员、共和党的理查德·贝克在灾难发生不久后曾对华盛顿的政治说客表示：“新奥尔良市住宅小区的问题终于解决了，我们虽然力有未逮，但上帝替我们做到了。”（该议员于2008年辞去议员一职，改行做政治说客。）

据沃德教授说，由于这项计划不慎泄露，出现了当地居民用链条把自己绑在小区前拆房用的推土机上进行抗议的一幕。

（上）低收入者住宅小区

（下）小区内激励人心的宣传牌（均为本书作者拍摄）

《纽约时报》(2007年12月19日)批判这一计划是“美国城市规划史上最大的犯罪行为”。这样一来，就算质疑政府真实意图的流言满天飞，也实在没什么好奇怪的。

据沃德教授说，灾难发生时，大多数持枪违抗强制避难令的“残留”市民都是这一小区的居民。“以前就有拆除小区的动向，正巧这个时候卡特里娜飓风来了。虽然新奥尔良市小区被评价为‘全美国最好的公共住宅’，也几乎没有受到飓风损害，居民却被勒令撤离，于是大家积蓄已久的对政府的不信任感便一下子爆发了。”

促使我重访新奥尔良的电视上的那一幕，其背景也正在于此。

五、悖论性现实

“我们不是美国人”

沃德教授带我参观了一个低收入者小区。从娱乐街“法国角”(French Quarter)驱车到这里仅需五分钟。小区外观漂亮，构造也结实，和我在波士顿、华盛顿哥伦比亚特区见到的公共住宅相比，明显这里的建筑质量更好。沃德教授愤慨地说："居民一回来就能马上住进去，新奥尔良也有工作机会。虽然有惹是生非的居民，但毕竟只是一小部分人。政府无视居民想回来住的意愿，强行拆除这里的房子，自然会加深他们对政府的不信任感。"（该小区于2008年春天拆除。）

在附近高速公路的高架桥下，约有150人住在帐篷里，依靠教堂和慈善机构发放的物资糊口。整个新奥尔良市的无家可归者约有12 000人，比卡特里娜飓风袭击前增加了一倍。

路易斯安那州为了帮助受灾的有房者重建家园，为每户人家准备了最高15万美元的资金，但是因为手续烦琐，领取资金要花很长时间。一方面，租房需求增加致使房租一路飙升；另一方面，次贷（subprime loan）危机导致市场萧条，又加重了住房困难。

2006年1月，为了进行统一的灾后复兴工作，纳金市长的咨询机构新奥尔良市复兴委员会将市内划分为13个区，要求各区居民在四个月以内自行提交灾后复兴计划。若返回该区的居民不过半数、不能够制订重建计划，允许以飓风袭击前的实际价格征用土地。该方案被认为是一个"大规模征用土地的阴谋"，遭到了居民的强烈反对。

根据沃德教授的说法，灾害前拥有独栋住房的人可以优先分配到拖车房（trailer house）；只要得到房主的允许，原本租住在独栋房的人也能以比原本住在低收入者小区的人更高的概率分配到拖车房。她还说："听说日本阪神、淡路大地震时，社会弱势群体能够平等地得到援助。但在新奥尔良市，有房子的人优先得到援助。虽然美国是一个发达社会，但其中的好处只有富裕阶层能享受，一般市民的境遇和第三世界国家没有什么不同。”

沃德教授在谈话时通常很注意数字、细节和措辞，她好几次顺势说出“难民”（refugee）这个词，又马上改成“幸存者”（survivor）或者“撤离者”（evacuee）。她这样的人竟会使用如此强硬的措辞，颇令我感到意外。

“这并非阴谋论，”她又说，“8 月 27 日，小布什总统虽然向路易斯安那州发出了紧急事态宣言，但适用区域并不包括新奥尔良市等路易斯安那州南部地区。8 月 31 日，他提前结束夏季休假，坐着空军一号（Air Force One）从上空视察了灾区；9 月 2 日才前往灾区实地视察，但也只拍了些媒体用的照片。总统对我们如此轻视的根本原因是什么？我一直都在思考这个问题。”

那么，究竟是什么原因呢？

“简而言之，我们不是‘美国’人。正如您所知，直到 19 世纪初，路易斯安那州一直是法属殖民地，有一百年以上的历史，时至今日，英语和法语都是路易斯安那州的官方语言；民法是以《拿破仑法典》为基础制定的；行政区划不是美国通用的县（county），而是教区（parish），也是受法国殖民主义时期的影响；再加上黑人占路易斯安那州人口的三分之二，克里奥尔语化（creole，说法语、西班牙语、印第安语等语言的人互相混淆）现象十分显著；从整个美国来看，这里也是天主教信徒特别多的地方；历任市长都是民主党，当时的布朗克州长也是民主党党员，还是一位女州长。对身为 WASP（盎格鲁－撒克逊裔白人，基督教新教教徒）、信奉父权主义的共和党人小布什来说，这不是'美国'。这不仅仅是小布什总统个人的看法，或许还是美国主流社会所共享的价值观。虽然卡特里娜飓风造成严重危害的原因多种多样，但我个人认为最根本的是这种歧视性眼光和偏见。"

我不能断定沃德教授所说是否正确，听起来既有合理之处也有不合理之处。但值得注意的是，连在细节、数字和措辞方面非常严谨的沃德教授都说出这样一番话来，可见整个新奥尔良市都弥漫着对政府的不信任感。

我问沃德教授，格雷特那市鸣枪事件的背后是否也存在种族歧视，她大笑着回答："即便有，也实行得太不像样了。"

不信任感和恐惧心理

卡特里娜飓风肆虐时，因为没有柴油燃料，无法启动备用发电机，紧急事态指挥部一开始就陷入了瘫痪。因为没有一部电话能够接通，市长和其亲信整整两天都与外界隔绝。除此之外，日常生活方面也不断出现诸如无法使用洗衣机之类的各种不便。这个时候，是志愿者和教会发挥了重要作用。虽然新奥尔良市有非常深厚的天主教传统，但其半数设施在灾害中受损，于是新教及救世军（总部设在英国，在全世界 115 个国家和地区开展活动的国际基督教团体）发挥了力量。

沃德教授认为，从支持民主党这一点来说，自己可以算是“自由主义派”。但她并未掩饰自己对市内四所巨型教会的感谢，特别是他们向市民全面开放教会备用发电机这点。得克萨斯州休斯敦市的湖木教会——全美最大的巨型教会（信徒人数达 44 000 人）——也迅速组织起志愿者，将他们派到设在该市阿斯托洛圆顶体育场等处的避难设施。

在人道援助、灾后重建等各个环节，宗教团体敏捷的机动力量都起到了弥补政府职能的作用。小布什政府也曾积极利用教会，通过“基于信仰的邻里互助合作机构”（Faith-Based and Neighborhood Partnerships）为从事社会福利活动的宗教团体提供补助金。虽然该计划充分发挥了宗教团体在救济弱势群体、消除社会差距方面的作用，但因违背政教分离的原则而遭到了批评，也有人批判说它只是为了向支持小布什政府的宗教团体提供公费补助而制造的一个借口（奥巴马政权表示将以保障宗教多样性和公平性为前提扩大上述计划）。顺带一提，FEMA 所指定的救援捐款受理窗口首先是红十字会，从第二位开始全部是宗教团体，代表基督教保守派的电视传教士帕特·罗伯特逊于 1978 年设立的“慈福行动”（Operation Blessing）位列第三。

然而，另一方面，在 2001 年“9·11”恐怖袭击过后，罗伯特逊曾发表极受争议的言论。另外，他还曾批判实行反美左派政策的委内瑞拉总统。

对于卡特里娜飓风,基督教保守派组织“忏悔美国”(Repent America)的创始人迈克尔·马克贝吉也曾说:“这是上帝对每年举行一次同性恋庆典的新奥尔良的惩罚。(中略)虽然许多人的丧生令人悲伤,但是上帝毁掉了这座邪恶的城市。”进而,该派电视传教士约翰·海基站在反天主教的立场上表示“卡特里娜是上帝对罪恶之城的惩罚”,激怒了众多灾民。在2008年的美国总统大选中,虽然海基支持共和党候选人麦凯恩,但后者并未接受他的支持。

卡特里娜飓风灾害发生后,新奥尔良市表现出对政治彻底的不信任感和对外人的恐惧。所谓“美国”便是一个由这些负面感情交织而成的公众群体(public)和共和国(republic)。这与“9·11”恐怖袭击之后美国的外交政策互相映照:它并未向世界宣扬乐观主义和希望,而是到处散布愤怒和恐怖。

美国以自由的代言人自居,现实却与之形成悖论。我希望能近距离审视这一现实,并从另一个角度观照当今美国民主主义的形态。卡特里娜飓风留下的问题并未停留在“贫困”和“种族歧视”的层面上,它们超越了华盛顿的政治状况和政治角力,涉及美国民主主义的本质,即便在“后奥巴马时代”的美国也是十分重要的。

新奥尔良正在全力进行灾后重建。

但是,卡特里娜飓风不会就此结束。

第二章　政治不信任感的根源

号叫

是什么水泥合金的怪物敲开了他们的头骨吃掉了他们的头脑和想象？

火神！孤独！秽物！丑恶！垃圾箱和得不到的美元！孩子们在楼梯下尖叫！小伙子们在军队里抽泣！老人们在公园里哭泣！

火神！火神！火神的噩梦！得不到爱神的火神！精神的火神！惩治人类的判官火神！

火神这无法理解的牢狱！火神这骷髅股骨自由化没有灵魂的监狱，这忧患的会合处！火神他的高楼是审判！火神这战争的巨石！火神这不省人事的统治！

（略）

——艾伦·金斯堡

谢访优 译

（《金斯堡诗集增补修订版》，思潮社，1991 年收录）

一、伊拉克开战决议之日

选举是一桩大生意

曾历任众议员、参议员和副总统各八年的阿尔·戈尔——其父也是田纳西州选出的老派民主党参议员——在《攻击理性》(竹林卓译，兰登书屋讲谈社，2008年)一书的开篇部分介绍了这样一段插曲：

> 这件事发生在美国进攻伊拉克前不久。西弗吉尼亚州资格最老的参议员罗伯特·巴德站到台前说：
>
> “我们的议会一片沉默，沉默得令人恐怖、令人不寒而栗。没有讨论，没有商量，甚至没有人尝试向公民们说明与这次

战争相关的赞成和反对意见。什么都没有。在美利坚合众国参议院，我们就这样什么也不做，沉默着消磨时间。”

美国参议院为何选择了沉默？

对此，戈尔推测道：

> 凡是像我这样曾经当过参议员、目睹了参议院至今变化的人，都会这样回答巴德的尖锐提问：议院空无一人，是因为议员都在别的地方。他们中的大多数正在为了筹集政治资金而出席某项活动。他们的目的只有一个，就是为下一次大选时要用到的三十秒电视广告筹集巨款。参议院之所以在美国进攻伊拉克前保持沉默，原因在于议员们感觉到，无论自己在议院里说什么，也不会引起别人的注意。

据“政治响应中心”（Center for Responsive Politics）——一个旨在监视和调查政治资金的非营利团体——统计，2004年，美国联邦政府公职候选人和其所在政党用于选举活动的资金总额达42亿美元，与2000年相比增加了40%，2008年达到了53亿美元。其中，竞选总统投入了24亿美元，这个金额接近2004年的两倍和2000年的三倍。美国联邦选举委员会（FEC）表示，竞选开始以后，奥巴马筹集到的资金高达7.5亿美元，是美国总统选举史上最高的数字，不仅远超其对手麦凯恩的3.5亿美元，还超过了 2004 年共和党总统候选人小布什和民主党候选人约翰·克里的资金之和。

1971 年，美国制定了《联邦竞选法》（FECA），之后经过多次修改，对企业和个人的政治捐款做出了限制。但是，即便在今天，企业和工会都设立有政治行动委员会（PAC），以此为窗口，公司职员和团体职员可以进行政治捐款。奥巴马为了避免给人留下与特定行业勾结的印象，没有接受政治行动委员会的捐款。但是在 2008 年的选举中，一般联邦议员选举资金的三成都要依靠政治行动委员会。

为了避免重蹈水门事件——1974 年导致理查德·尼克松总统下台——的覆辙，美国联邦政府形成了向总统候选人提供政府补贴的制度。当初制定这一制度的目的是减轻总统候选人筹集资金的负担，但是，要想使用政府补贴就有义务遵守资金支出限制条款。因此近年来，特别是在总统预选过程中，呼声高的候选人往往拒绝使用这笔资金。（奥巴马开了不光在预选，甚至在正式竞选时也拒绝使用政府补贴的先河。）

受联邦选举委员会监督的资金被称作“硬资金”（hard money）。除此之外，还有“软资金”（soft money），一般用于对选举不会产生直接影响的政治活动（如政党组织运营费、选民注册运动、促进投票运动、舆论调查、政策研究等）。2002 年制定的《超党派选举改革法》（又称《麦凯恩－费恩古尔德法》）对软资金的筹措和使用添加了许多限制。

2008 年总统选举党派色彩较强的 PAC 捐款额度明细表（节选）

PAC 名称	总额（美元）	向民主党捐款	向共和党捐款
全美不动产协会	4 020 900	58%	42%
国际电气行业工会	3 344 650	98%	2%
AT&T Inc.	3 108 200	47%	52%
美国银行家协会	2 918 143	43%	57%
全美啤酒销售公司协会	2 869 000	53%	47%
全美汽车交易商协会	286 000	34%	66%
国际消防员协会	2 734 900	77%	22%
电话接线员技师工会	2 704 067	87%	13%
美国司法协会	2 700 500	95%	4%
国际北美工会	2 555 350	92%	8%
哈内维尔国际	2 515 616	52%	48%
全美住宅产业协会	2 480 000	46%	54%
航空飞行员协会	2 422 000	85%	15%
全美信用联合协会	2 362 899	54%	46%
国际机械工－航空机工联合会	2 321 842	97%	3%
配管工工会	2 316 559	95%	5%
服务行业从业人员国际工会	2 285 850	94%	6%
美国教师联盟	2 283 250	99%	1%
卡车司机工会	2 248 950	97%	3%
航空交通管制协会	2 210 475	80%	20%

制作： Center for Responsive Politics

出处： http://www.opensecrets.org/

但是，这样一来，和政治家、政党没有直接关系的非营利、非课税政治团体和所谓的“527 团体”（来源于规定了由美国国内收入局管理政治团体的《国税法》第 527 条）数量便大大增加了，因为这些政治团体不受美国联邦选举委员会的限制，可以通过不挑明与政治家、政党的合作关系自由地、无上限地使用巨额政治捐款。典型事例之一便是，在2004年的总统竞选中，共和党政治团体“快艇老兵寻求真相”在电视上播放中伤民主党候选人克里的广告，贬低他在越战中的功绩，对民主党阵营造成了重创。为了同这些“信口开河”的广告划清界限，现在各阵营都规定在播放正式广告时，候选人本人必须声明“我认可这则广告中的内容”（I approve this message）。

对近几年的情况，戈尔这样评论道：

> 无论选举资金制度改革准备得多么周密，最终仍达不到目标的原因就在于此。只要谋求政治对话的主要手段依然是拍摄费用高昂的电视广告，美国政治就会被金钱支配。结果，思想本身的重要性将被不断弱化。
>
> 另外，两党参众两院的选举运动委员会总是找大富豪做候选人的原因也在此，因为他们可以自己支付广告费用。联邦议会中富有议员的比例增加也是因为这个。（出处同上文）

看看2008年各阵营在选举广告中投入的费用：麦凯恩阵营为1.3亿美元（播放广告次数为27万次），而奥巴马阵营是3.1亿美元（播放广告次数为57万次），远超前者。进而，奥巴马阵营在竞选最后阶段又投入了五百万美元，用于在黄金时间段全国播放三十分钟的电视广告。

2010 年 1 月，美国联邦最高法院判定对企业、工会、非营利团体选举广告费的限制违宪，理由是合众国宪法保障的“言论自由”不仅适用于个人，也适用于法人。奥巴马总统对此表示强烈反对，认为这样会助长逐利的政治风气，并敦促议会通过超党派法案，试图将这一判决的影响降至最小。但是他没有获得以大石油公司、银行、保险公司等大企业为经济后盾的共和党的支持。

除了政治捐款和电视广告，竞选活动还涉及支持者数据库管理、网页管理、制作视频、媒体对策、舆论调查、制定政策、立法调查、演说训练等内容，过程日渐复杂臃肿，因此，雇用有能力的专业顾问、法律专家进行妥善管理，至少在国家政治层面上是不可或缺的。竞选活动已经演变为规模巨大的商业行为——这一现实在奥巴马执政时期也没有发生任何实质性的“变革”。

个人捐款的两面性

众所周知，在 2008 年的美国总统竞选活动中，奥巴马充分利用互联网，以几美元为单位，接受了超过三百万人的捐款。

美国联邦选举委员会表示，2008 年总统大选中奥巴马收到的个人捐款为 6.6 亿美元，相当于其总统竞选资金总额的 88%。

个人捐款占比大本来就是美国政治的重要特征。在总统竞选预选中和奥巴马竞争的希拉里·克林顿参议员，其 88% 的选举资金也来自个人捐款。在正式竞选中，共和党的麦凯恩议员也有 54% 的选举资金来自个人捐款（2004 年的美国总统大选中，小布什 74% 的选举资金、民主党总统候选人克里 69% 的选举资金都来自个人捐款）。

为什么在美国个人政治捐款如此频繁？

原因之一是政党对总统候选人的约束力薄弱。

美国政治史研究权威詹姆斯·麦格雷戈·伯恩斯（威廉姆斯学院名誉教授）在《独自奔跑》（*Running Alone*，2007 年，无日译）一书中指出："近年来，总统候选人对政党的归属意识逐渐减弱，常以脱离所属政党的纲领、组织和党内有力人物的形式开展竞选活动。"

在 1968 年召开的民主党大会上，尽管休伯特·汉弗莱副总统几乎没有开展预选活动，但因为得到党内有力人物的支持而被指定为总统候选人。正是出于对这种关门政治的强烈反对，在要求选举过程民主化的呼声之下，民主、共和两党才开始转向以总统候选人为主体的竞选模式。

伯恩斯指出，其结果是，我们进入了一个候选人个人的资金实力、组织能力、形象战略起决定性作用的时代。为了筹措选举资金，他们不得不提前开展竞选活动。这与戈尔所担忧的美国联邦议会的现状有相似之处。

只不过，从进行个人捐款的一方来说，上述经过和背景并不是他们的直接动机。虽说在利益驱使下，总会有一些有钱人出于期待人事安排上的论功行赏等“回报”而捐款或者募捐，但这类人的存在是有限的。

我认为，产生上述现象最大的原因在于美国社会的政治生态本身。

托克维尔认为，与任何事情都依靠统治者（政府）作为的法国人相比，哪怕是修建学校、道路这种事，美国人都优先依靠自力完成，这种气概令他十分佩服。在上文提到过的《论美国的民主》中，他称赞美国人具有自治和独立的精神。他认为，诚然，合众国宪法所规定的民主主义及其制度设计是非常重要的。但是,如果没有上面所说的那种精神气概或者说“心理习惯”，再好的制度也不会起作用。

即便是今天，在美国，小学生也有很多机会参观当地议员的办公室和议会，大学生则可以在当地议员的办公室和议会实习。暂时停职、专心当选举志愿者的人也不少。美国还有监督政治的非营利团体。美国人培育了这种政治生态，他们自己也在这种政治生态中得到培养，这就是所谓的“心理习惯”吧。在奥巴马举行总统就职仪式时，有六万人报名无偿志愿者（交通费、住宿费等自理），超过所需人数近四倍。

但是，另一方面，有人认为个人捐款的增加助长了在政治上花钱的风气，以至于仅仅依靠政党和美国联邦政府的补贴根本不能指望当选。有报告指出，通过互联网这个新媒体募集到的个人捐款，有一半以上依然和以前一样被投入到电视广告、邮件广告和电话费用之中。无法否认的现状是，通过钻选举资金限制法的漏洞，越有钱的人越能施加影响力。

奥巴马总统就职仪式实施委员会坚决不接受企业、工会、政治说客的捐款，仅接受个人政治捐款，结果从二十多万名市民那里募集到 4 800 万美元，超过了目标金额。其中近一半来自富裕阶层且都达到了个人捐款的上限五万美元。可以说，对民主主义制度来说，个人捐款是一把双刃剑。

二、法人化的民主主义

政治说客是一种罪恶吗？

说到双刃剑，政治说客的存在也一样。

据彭博新闻社（2009 年 8 月 14 日）统计，与奥巴马政权提出的医疗保险改革有关的政治说客多达 2 300 人。也就是说，每个联邦议员（上下院议员共计 535 人）身边都有平均 6 个政治说客在做他们的工作。仅在 2009 年度上半年，投入政治说客活动的资金就高达 2.63 亿美元。

另外，该新闻社还表示，在 2008 年的选举中落选或者辞去议员职务的 61 名联邦议员中，有 15 个人——也就是每 4 个人中就有 1 个人跳槽到政治说客公司，因为他们预判奥巴马政权会在美国联邦银行、医疗保险、能源、军力筹备等领域投入巨额财政预算。

《国家》杂志（*National Journal*，2009 年 1 月刊）对奥巴马提名或者任命的 267 个人的履历进行调查后发现，其中至少有 30 人——也就是说每 9 个人中有 1 个人——在过去 5 年间曾有过登记为政治说客的记录。财政部长蒂莫西·盖特纳提名曾在哥尔德曼·萨克斯公司任政治说客的马克·帕特逊作财政部首席顾问，而帕特逊本人曾进行过反对限制华尔街高管获取高额报酬的活动。

现在我们知道，某些通过不良资产救助项目（TARP）获得巨额公共援助的金融机构会向议员捐款并被接受。《新闻周刊》（2009 年 3 月 25 日）对提交给联邦选举委员会的文件进行了调查，据统计，有 5 家公司接受了不良资产救助项目的大规模资金援助，2009 年 1 月至 2 月，这 5 家公司的政治行动委员会共捐款 85 300 美元，其中大半捐给了隶属于不良资产救助项目监督委员会的议员。也就是说，百姓的税金通过不良资产救助项目，迂回转化为了有实力的政治家的选举资金。当然，政治捐款的目的是加速制定和实施对金融机构有利的法案。

奥巴马就任后马上签署了一道总统令，限制政治说客在政府内部担任与其过去说客活动相关领域的职位，还签署了禁止将2010年在联邦政府登记的政治说客任命为政府咨询委员的备忘录，力图排除政治说客的影响，并以此为其改革的一根支柱。但是，可以说这些事恰好证明了美国权钱政治的根深蒂固。

当然，政治说客也有自己的主张。

从某种意义上来讲，政治说客也是“结社”的代理人。有不同利害关系的人们团结起来、向政府施加影响是民主主义的基本精神所在。正如托克维尔指出的，美国是一个从政治、宗教、学术到慈善事业都积极开展自发结社（volunteer association）活动的国家，人们通过参加这些结社，自发地运营、发展政治。托克维尔认为，正是结社活动使从社会约束性强的传统型身份制社会中解放出来的美国人避免了“个人主义”（孤立、边缘化）的弊端。也就是说，他认为政治说客通过将参与结社的人们的呼声传达给政府，使政策决策过程多样化、活跃化，防止了政府的“专制君主化”。

据前文提到的非营利团体“政治响应中心”统计，截至2009年，做过登记并积极参加活动的政治说客人数为14 000人，用于政治说客活动的资金总额为35亿美元，增至1999年的2.4倍。他们的服务对象多为富裕阶层，据美国行政管理和预算局统计，联邦税的55%是由占美国人口10%的富裕阶层缴纳的（前

1% 的富裕阶层负担了 28% 的联邦税）。另一方面，联邦预算的约 60% 被支付给个人，大部分受益者是贫困阶层和中间阶层。从政治说客的立场来看，为负担了大量税金的富裕阶层做代言人不仅无可厚非，还是极为公正的行为。

而且，政治说客的服务对象绝不仅是富裕阶层，他们也为中间阶层和贫困阶层的利益做代言。比如全美最大的工会中央组织（national center）——美国劳工联合会 - 产业工会联合会（AFL-CIO，入会者达 1 100 万人），就在 2009 年的政治说客活动中投入了四百万美元。

问题恐怕并非在于政治说客的存在本身，而在于有关活动的信息公开和相互监督的机制尚不健全。具有讽刺意味的是，本来起着保障自由决策作用的政治说客活动反而提高了参加政治竞争的成本，甚至有可能封死自由的公共空间。

举例来说，美国以色列公共事务委员会（AIPAC）是美国最具影响力的亲以色列结社之一，会员多达十万人。在 2008 年总统选举时，奥巴马、麦凯恩等颇具实力的总统候选人为了获得支持，曾在这里发表演讲，一时成为话题。这种政治说客团体的政治动员能力极为强大，对美国政治家来说，要是表明反以色列的政治立场，就意味着在获得选票、募集选举资金方面会遇到很大阻力。虽然奥巴马在开罗演说中表示追求“美国与伊斯兰世界的和解”，但无法否认的是，这种严峻的现实减少了美国在中东和谈相关问题上的选择。2010 年 6 月，以色列军队袭击了为巴勒斯坦加沙地带运送救援物资的船只，专门负责采

时任参议员的奥巴马在 AIPAC 演讲（2008 年 6 月 4 日，© 法新社 蒂姆·斯洛安 摄）

访白宫的泰斗级记者海伦·托马斯女士表示："以色列的犹太人就应该回波兰和德国去。"这招来了"反诽谤联盟"（ADL）等犹太裔团体的愤怒指责，说她是"反犹主义者"，最终迫使她辞去了记者一职。

美国开放的制度使人较易通过政治说客施加政治影响，许多国家充分利用了这一点。据美国司法部统计，截至 2009 年上半年，与外国政府签订合同且向美国当局报告过的政治说客人数达到了 1 900 人。

举例来说，刚果共和国仅在 2009 年上半年就向美国的政治说客公司和公关公司支付了 150 万美元，安哥拉共和国支付了

300 万美元。

全美步枪协会（设立于 1871 年，会员数为四百万人）的影响力也依然强大。美国在 1994 年克林顿总统执政时期通过了禁止销售半自动式步枪等枪支的限时立法，但是该法已于 2004 年失效。奥巴马政权成立后，司法部长埃里克·霍尔达提出恢复限制法案，结果却收到了由 65 名己方保守派民主党议员寄来的抗议信。民主党在传统上对限制枪支持积极态度，但是 1994 年限时立法通过后，他们在中期选举中惨败于共和党，其中一个重要原因就是全美步枪协会为了阻止民主党候选人当选开展了声势浩大的活动。在 2008 年的总统选举中，该协会投入了 120 万美元的选举资金，其中有 20% 被用在应对民主党的限枪政策上，

城市里公开销售枪支是很普遍的现象（蒙大拿州，本书作者拍摄）

从金额上看，六年间几乎增加了一倍。可以说限枪的障碍越来越大。

一般认为，现在仅美国民间拥有的枪支数量就达 2.5 亿支。2007 年佐治亚理工大学恶性枪击事件后不久，伊利诺伊州一名 11 个月大的婴儿得到了来自其祖父的礼物——一支有许可证的步枪，此事引起了争议。在全美一年发生的凶杀案件中，有大概 70% 涉及枪支，受害者人数超过一万人。在用于抢劫、强奸等犯罪活动的凶器中，枪支居于第一位。这种状况又进一步助长了拥有枪支的风气，形成恶性循环。这样下去，自由的公共空间能在多大程度上存在呢？

林肯的警告

2001 年，顺应放松管制的潮流，安然公司在能源领域迅速发展，一跃成为全美第七大企业。但因为《华尔街日报》报道其有虚假会计的嫌疑，仅仅两个月后就濒临破产。这一事件充分暴露了一幅悖论式构图：政权中枢部门、董事会、监察公司、评级机构、证券分析师、律师事务所、媒体和政治说客等势力相互勾结，损害公共利益。最典型的事例之一是，2000 年夏天到翌年间加利福尼亚州经常停电，原因是电力公司不能保障充分的电力供应。当时安然公司的董事长肯尼斯·雷认为是“自由化措施不充分导致了电力危机的发生”。然而，不如说是因为自由放任主义（laissez-faire）已经超过了各种势力相互勾结的极限。

特别是从20世纪90年代中期开始，“政府调控”不如“市场调控”，即企业比政府更具市场调控功能这一思维方式逐渐得到认可，民营化在养老保险、寿险、公共交通、能源供应、监狱、军事－国防安全、学校教育、大学教育等众多领域不断发展，更加扩大了产生上述悖论的空间。

政治哲学学者迈克尔·尚德尔（哈佛大学教授）在其《公共哲学》（*Public Philosophy*，2005年，无日译）一书中指出：

> 市场惯例、商业压力有可能破坏市民制度、侵蚀公共领域。通过州政府经营的彩票生意和学校获得的企业广告收入来维持教育事业及其他公共事业，这种倾向可以说是最典型的例子。名牌效应、商业主义及市场问题对传统意义上——至少在某种程度上——由非市场性规则引导的日常生活领域（政治、体育、学校/教育等）的渗透虽然尚不明显，但是越来越隐蔽。（本书作者译自英文原著）

话说回来，一方面对自由市场经济笃信不疑，另一方面又反复表现出对其风险的担忧——这正是美国的传统。

托马斯·杰斐逊在《权利法案》（1791年）中禁止了商业性垄断后，第一位平民出身的美国总统安德鲁·杰克逊（1829—

带有企业广告的校车（2010 年 3 月 19 日，NYDailyNews.com）

1837 在任）仍对不断壮大的企业势力做出了警告：“到底是公民自身通过从公平选举中选出的议员在统治着国家，还是超大型企业依靠其资本和力量在潜移默化地影响着公民的意见、左右其决策？”（《攻击理性》）

南北战争期间，林肯为了打败南方军队，只能将军需品的生产和军队的铁路运输委托给企业，不得已废除了一直以来压制企业势力的各种措施。1864 年，他这样写道：

> 我们或许对战争行将结束一事颇感欣喜。……但是，我隐约看到在不久的将来危机会来临。这令我十分不安。

我担心美国能否太平。战争让企业掌握了霸权，随后，居高位者腐败的时代就会到来。金钱势力会通过影响人们的先入观念来维持自身的权威。不久之后，所有的财富会集中在少数人的手中，到了那时，共和国就会灭亡。从未有哪一个时刻——包括战争时期在内——比此时更令我担心国家的安全。但愿这只是杞人忧天。（同上）

1886年，美国迎来了一个重要的历史转折点。这一年，联邦最高法院在圣克拉拉县与南太平洋铁路公司的纠纷中做出了认定企业在法律上具有人格的判断。作为法人的企业通过美国宪法第十四条修正案受到保护。

在克林顿政权中担任劳动部长的自由派经济学家罗伯特·莱休（加利福尼亚大学伯克利分校教授）在《失控的资本主义》（雨宫宽、今井章子译，东洋经济新闻社，2008年）一书中对20世纪70年代中期以后以自由贸易、放松管制、民营化不断加速为特征的“超级资本主义”（supercapitalism）表示关注，在承认其增加和丰富了人们作为“消费者”和“投资者”的选择的同时，也对他们作为“工人”和“公民”的权利受到轻视表示担忧。在此基础上，莱休主张：“民主主义需要从中央权力中独立出来的民间经济权力。”另一方面，他又警告说：“超级资本主义渗透到政治领域，吞没了民主主义。”

怎样才能克服这种进退两难的困境，谋求资本主义和民主主义的和谐发展？对此，莱休主张进行彻底改革——“废除企业的法人资格”。将本来属于人的义务和权利赋予企业——正是这一点扭曲了民主决策的过程。莱休的出发点是，本来，只有个人才有资格成为公民，被赋予参与民主决策权利的也只有公民。在此基础上，他提出了以下几点建议：不能以社会责任的名义给予企业自由裁判的余地，应该以法律规定社会的需求，并让企业遵从；以向股东课税代替向法人课税；不追究企业的刑事责任，而是追究个人的刑事责任；等等。

乍看这个“处方”中包含着保守派的主张，所以激起了自由派的强烈反对；同时，其在不久将来实现的可能性也微乎其微。但是，现阶段，若想降低伴随自由市场经济而来的政治和社会风险，就应该超越保守派或自由派的藩篱，谋求根本层面上的再思考。

三、渐趋一致的两大政党

是可口可乐，还是百事可乐？

正如莱休指出的，20 世纪 70 年代中期以后，尽管“超级资本主义”席卷了政治领域，但共和党和民主党、保守派和自由派的对立非但没有减弱，反而给人更加激化的感觉。这种悖论又该怎样解释呢？

正如我在第一章中讲过的，在民主党的推动下，罗斯福新政的支柱——自由主义成了20世纪30年代至20世纪70年代的基本政治思潮。在这一“新政共识”下，1964年总统选举中被提名为共和党总统候选人的巴利·戈尔德·沃特参议员批判说“两党几乎没有不同”，并为提出共和党的特色而绞尽脑汁。然而，虽然沃特给人以共和党内的激进派乃至保守派的印象，但是在除了民权法以外的问题上，他和以尼尔逊·洛克菲勒州长（纽约州）为代表的党内稳健派、主流派在见解上并没有太大分别。

之后，理查德·尼克松和里根确立了共和党作为保守型政党的形象。这时，“文化”成了共和党与民主党乃至自由派的矛盾焦点，这点值得特别强调。宗教社会学家沃尔特·戴维斯（旧金山神学院教授）在其专著《被打碎的梦》（大类久惠译，玉川大学出版社，1998年）中谈到被当成靶子的自由派20世纪60年代以后的动向时说：

> 至少有以下四个方面的事件值得考虑：1961年最高法院禁止在公立学校祈祷的判决；在公立学校实行的强制性种族融合；反越战运动；以1973年罗伊诉韦德案为象征的性

革命。通观四项改革，支撑传统世界观的主要制度——家庭、宗教、学校、国家都被包含在内。

保守派的不满在于，他们认为自由派包围了“传统的世界观”，从而导致了价值观的动摇，而媒体、财团、智库等基础设施令这种不满情绪更形尖锐——这就是20世纪80年代的特征。从这个意义上来讲，一个极具启示性的事件是，联邦最高法院法官约翰·史蒂文斯（2010年退休）虽然是在1975年由共和党的杰拉尔德·福特总统指定的，但是20世纪80年代以后，整个最高法院都出现了保守化倾向，于是他反而被定位为自由派的代表人物。民主党分裂的主要原因是南方民主党（Southern Democrats）人数锐减，南方遂成了共和党的根据地。从这一时期开始，保守派 = 共和党、自由派 = 民主党的阵营划分日益明显。

不久，新自由主义取代新政共识，提出“小政府”“放松管制”“民营化”“责任自负”等口号，莱休所说的“超级资本主义”成了时代潮流，实际上共和党、民主党在政策上的分歧不过等同于“可口可乐和百事可乐”的区别而已。克林顿虽然在组阁之初打出了自由主义旗号，但是因其引进全民健康保险制度的计划受挫，在1994年的中期选举中败给了共和党，不得已走了一条不断向保守势力妥协的“中间道路”（向右转）。宣称“大政府时代结束了”、修改低保制度、签署北美自由贸易协定

（NAFTA）、废除《格拉斯－斯蒂格尔法案》——这些措施都是在克林顿主政时实施的。增税变成政治上的禁忌，1993年的燃油税是联邦政府最后一次通过增税案。美国经济分析局（BEA）的报告（2010年）显示，2009年个人收入税率为9.2%，为1950年以来最低值（过去半个世纪的平均值为12%）。

因为两党的政见分歧越来越小，“文化”就越来越成为焦点或者说热点。除人工流产、“平权法案”（Affirmative Action，纠正针对弱势群体的主动歧视行为）、限制枪支、死刑、展览会、广播节目内容等向来的争论焦点之外，同性婚姻、胚胎干细胞（ES）研究、智能设计（intelligent design）、教育券、

克林顿总统在实质上废除了《格拉斯－斯蒂格尔法案》的文件上签字
（1999年11月12日，WSJ.com）

安乐死等问题也被政治化。而且，人们在这些问题上的立场甚至成为各种行政长官选举和人事录用考试中的“试纸”。社会学家詹姆斯·亨特（弗吉尼亚大学教授）在1991年将这种状况称为“文化战争”（culture wars）。

出生于堪萨斯州的作家托马斯·弗兰克在其全美畅销书《堪萨斯怎么了？》（2004年，无日译）中对这样一个现象表示了关注：该州大部分工人阶级一直以来都支持民主党，但在20世纪90年代以后，他们却迅速转为支持共和党。为什么他们会把票投给被认为“偏向有钱人”的共和党？书中分析，原因是民主党为了走“中间路线”——也是为了筹集政治资金——而开始在政策上优先大企业，这样一来，民主党和共和党的政策分歧越来越模糊。结果，在共和党围绕人工流产、同性婚姻等问题而煽动的“文化战争”中，民主党被迫应战。讽刺的是，不知从何时起，民主党被看作轻视“信仰”和“价值观”的精英主义政党，而共和党却被看作工人阶级的朋友。

在奥巴马政权进行医疗保险改革之际，发生了同样的尴尬情况。政治专业杂志《国家》在线版（2009年10月22日）表示，越是强烈反对该项改革的保守派议员（包括从保守色彩浓厚的地区选出的一部分民主党议员），其所在选区没有加入保险的人数比例就越高。比如，在全美共和党议会委员长皮特·塞申斯众议员的势力范围——得克萨斯州北达拉斯地区，竟然有近30%的居民没有加入保险，是全国平均值的两倍。这位议员在接受上述杂志采访时承认改革是必要的，但又反驳说民主党的方案只会让政府的规模和权力膨胀、扩大财政赤字，最终必然导致增税。而宗教保守派则非常担心该法案会助长人工流产的风气。

医疗政策学者罗伯特·布雷顿（哈佛大学教授）指出，这种情况是“政治意识形态优先于现实需求”，也就是说，这种意识形态认为，不是政府支援不足而是“政府干涉太多”造成了人们的困境。至少可以说，正是民主党乃至自由派在政治上的失当默许了这种意识形态的渗透。

抗议医疗保险改革助长人工流产的人群（2009 年 7 月 21 日，BCNN1.com）

奥巴马失去民心的背景

在 2008 年总统选举中支持奥巴马的有两类人，一是对党派对立和闭塞越来越严重的政治现状深恶痛绝的无党派阶层，二是希望恢复自由派政治正当性的阶层。正如我在第一章中讲过的，奥巴马的思维和行事特征是以“超越二元对立”和“尊重多元价值观”为基础的兼收并蓄。然而，保守派却没有丝毫向自由派靠拢的迹象。针对奥巴马政权的经济刺激、医疗保险改革、金融限制改革、移民法改革、防止地球变暖措施、核裁军、对伊朗等国的政策，他们指责其在内政方面走上了“社会主义道路”，在外交和国防方面则表现得“稚嫩”而“软弱”。而对自

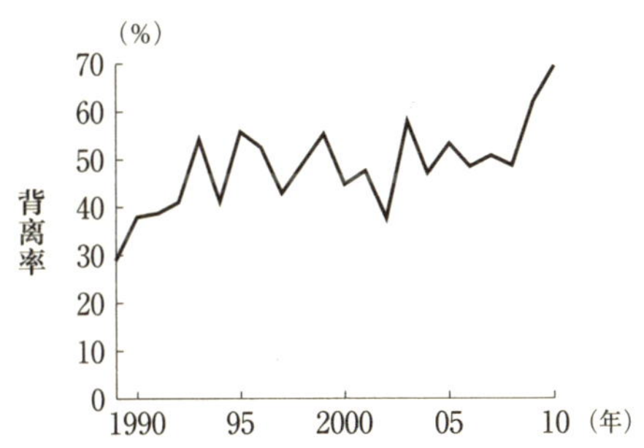

民主、共和两党联邦议员投票背离率变化图

1989 年，民主党、共和党之间的意见对立率为 29%，到了奥巴马执政时期急速扩大至 70%（©Brighten Godfrey）

由派来说，奥巴马对保守派的过度妥协则令他们深感不安。至于奥巴马对限制枪支和同性婚姻等问题的处理方式，在他们看来也过于消极。结果，在奥巴马就任第二年向美国公众做电视讲话（2010 年）的时候，两派的不满和对立比原来更严重了。另一方面，原本对他抱有期待的无党派阶层也开始背离。

为了防止阻碍议案通过（filibuster）的情况发生，所需议员人数从 1975 年的 67 人改为了 60 人，执政党通过法案的障碍变少了。自那以后，即便执政党的议席达不到 60 个，在每个具体法案上，也可以通过争取与执政党立场接近的在野党议员的支持，在政策上达成一致意见。但具有讽刺意味的是，奥巴马政权以超党派名义推行的医疗改革却遭到了审议，这件事说明相互妥协让步的时代已经成为过去。而且，这也说明"超级资本主义"超越了奥巴马的个人魅力，支配着整个政治领域，这是这个时代的结构性现象。

据美国国家广播公司（NBC）新闻和《华尔街日报》于 2010 年 5 月联合进行的舆论调查统计，八成以上的美国人认为两党制有问题，其中有三成人认为它存在"重大缺陷"，并因此表示"需要有第三个党"。据哥伦比亚广播公司（CBS）新闻同一时期实施的舆论调查统计，七成的美国人对华盛顿即联邦政府表示不满，其中有两成人甚至表示了"愤怒"。

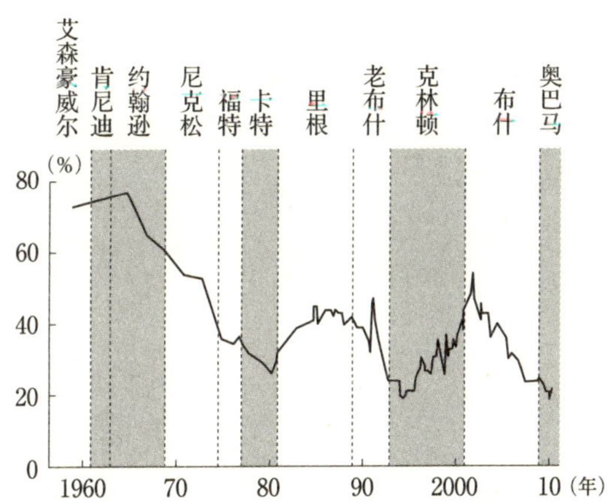

美国人对政府的信任程度（1958—2010）

资料：Pew Research Center for the People & the Press

出处：http://people-press.org/trust

四、游戏化的竞选活动

市场运营逻辑

可以说，从政治学上来讲，这在两党制的国家中是十分典型的现象。

在美国，要想成立第三大政党，在手续上有很高的门槛。即便能够成立，在政府补贴金的分配上，第三党派与民主、共和两大政党相比也将处于不利地位，这是制度造成的。比如，就 2004 年而言，民主党的注册党员数为 7 200 万人，共和党的注册党员数为 5 500 万人，还有 4 200 万人是无党派人士或者注册了某一个小党派，拥有十万以上注册党员的小党派仅有宪法党（或称立宪党，Constitution Party）、绿党（Green Party）和自由党（Libertarian Party）。

另外，由于采用了小选区制度，两大政党以外的候选人要想获取最多票数简直比登天还难。特别是在总统选举中，因为采用的方式是各州（内布拉斯加州和缅因州除外）胜出者取得所有分配到该州的总统选举人的票，所以自 1852 年以来，从来没有民主党、共和党之外第三党派的人当选总统。对于持有第三种政见的人来说，首先要隶属于民主党或者共和党，然后在其内部陈述自己的政策主张，这样做比较现实。

如此看来，美国政治领域缺少第三极。共和、民主两党为了获取过半数选民，特别是无党派人士的支持，必须在政策的大框架上与其靠近。另外，如果在支持率上差别不大的话，执政党也可以通过在某种程度上接纳对方的政策来实现政权的稳定运营。因此，其政策便进一步地折中化、中庸化。结果，对整个国家政治来说便十分容易产生这样的倾向：执政党在政策中较为细枝末节的方面大做文章，以此突出自己的特色。

在决定超级大国美国的领导人的选举中，人工流产、死刑是否得当这类局部问题有时候会盖过其他重要问题，成为讨论的焦点，这就是现状的一个好例子。特别是有关“信仰”“价值观”等文化方面的问题，因为关系到每个人的人生观、价值观和文化认同的根本，所以很难妥协或协商，矛盾也容易激化。政治问题渗透到日常生活的方方面面，成为闭塞感和犬儒主义泛滥的温床。这样一来，被称作两党制最大优点的“根据民意实现政权交替”，其意义本身也会被弱化。

但是，另一方面，正如上述《堪萨斯怎么了？》一书所指出的，让“文化”成为争论的焦点正好是拉拢无党派人士的好办法，因为他们在其他重要课题上几乎很难发现两党之间有什么政策上的分歧。小布什总统的参谋罗夫在总统选举中采用的正是这个战术。吸取在四年前的总统选举中和民主党候选人戈尔得票数极为接近的教训，罗夫采用的战术是与其分化瓦解自由派，不如吸引保守型无党派人士去投票。为此，他将同性婚姻的是非作为竞选的一个问题提出。

当然，采用上述选票获取战术的不仅是罗夫一个人。20世纪90年代中期以后，运用凝练的舆论抽样调查技术和大型数据库分析选民的构成成分，弄清“激战州”无党派阶层的动向就成了政治领域的日常性工作。虽然美国有约三亿人口，其中进行过选民登记的有两亿多人，但民主党和共和党已经掌握了其中八成以上的个人信息。姓名、年龄、性别、学历、职业、收入、住址、种族、民族、宗教、家庭结构、投票履历等基础信息自不用提，就连他们喜欢的艺术家、休假爱去的场所、私人轿车的种类等 400 多种信息都登记在册。除此以外，还有通过人口普查、各种养老金信息、选民登记名簿、上门访问获得的数据和在公开市场上买来的消费者数据等。将上述数据进行综合分析，根据不同的目标制定不同的战术，就可以控制竞选活动的成本。

商品化的民意

关于上述由市场运营逻辑支配政治生活的情况，戈尔在《攻击理性》一书中对自己的亲身体验进行了回顾：

> 1976 年我第一次竞选众议员的时候，从未在选举活动期间进行过中期舆论调查。但是，八年后在竞选参议员时，我不仅做了调查，还和其他候选人一样，运用电视广告将自己的理念传达给选民。至今我还对参议院选举活动的转折点记忆犹新。（中略）我的选举活动顾问花费大量时间与我讨论了所有的调查结果，对电视广告计划进行了慎重的测试、预想竞选对手可能的回答并准备对其的回复，等等。（参见《攻击理性》）

结果，戈尔的选举活动顾问为他制定了一份具体得令人吃惊的方针："如果播放这个数量的广告，小布什就会做出我们预想中的反应；进而我们再用这个量的电视广告来回应他，那么，在三周后的支持率调查中，我方的领先率会增加8.5%。”

戈尔对顾问的这一建议表示赞成，令他啧啧称奇的是，三周后他的领先率果真增加了8.5%。但是，戈尔内心的感受非常复杂，他接着写道：

> 毕竟是自己的选举活动，我自然感到很高兴。但无可否认的是，这件事也暴露出了我们民主主义的实质，令人有一种不祥的预感。很明显，至少在某种程度上“被统治者的同意”即“公民的意见”已经逐渐沦为一种商品，能被以最高价格投标广告的人购买。为了操纵选举结果，人们开始巧妙地利用金钱和电视，而理性的作用正在一步步减弱。（同上）

政治顾问支持戈尔当选未必是出于自己的政治信念，大多数情况下他们只是作为商业伙伴参与选举活动。比如，现在在保守色彩浓厚的福克斯新闻频道（Fox News）担任解说的迪克·莫里斯就是克林顿政权的“中间路线”的导师。后来他还参与了共和党的威廉·维尔德州长（马萨诸塞州）、阿根廷总统费尔南多·德拉鲁阿、乌拉圭总统豪尔赫·巴特列、墨西哥总统比森特·福克斯等人的竞选活动。同样在克林顿政权担任过顾问的马克·佩恩参与了英国首相托尼·布莱尔的再次竞选首相活动和希拉里·克林顿参议员的总统竞选活动。由此可见，美国式选举手法通过跨国选举专家影响到了其他国家的政治生活。

不仅在选举时，就是在当选后的政策制定和决策过程中，顾问给出指导性意见的案例也开始显著增加。美国政治的特点就在于将日常政治活动定位为选举活动的延伸，以独自实施的舆论调查动向为基础运营政权、开展议会活动，也即所谓“永远持续的政治活动”，这与上述现象是互为印证的。

五、被支配的媒体

发生巨变的媒体环境

“超级资本主义”的逻辑和动力被称为仅次于政治权力和经济权力的“第三权力”，或者仅次于立法、行政、司法的“第四权力”，对世界政治产生了重大影响。特别是在 1987 年，里根政权掀起放松管制的浪潮，美国联邦通信委员会（FCC）废除了长久以来保证了广播公共性和政治中立性的“广播公正原则”“公共节目框架义务”一类指导方针，使得此前一直被严格禁止的企业买断媒体的行为成为可能。结果，地面信号、有线电视、卫星广播网络等媒体集中在少数巨型企业手中的现象日益显著。

关于其中原委，戈尔在上述《攻击理性》一书中写道：

> 这些巨型企业有时会为了实现商业目的而操纵电视台制作新闻节目。过去，新闻部门作为为公益目的服务的机构得到整个网络的配合，现在却成为利润中心（profit center，独立核算的组织——作者注）获得收益，有时甚至还要推动控股企业的大规模计划。与以前相比，记者、报道内容、预算、长途采访、编辑部门减少了，媒体在采访和节目制作上的独立性越来越小；相反，企业经营方针的影响、政府相关信息、必不可少的企业广告和宣传都增加了。

除了削减成本、竞争加剧之外，多频道化、互联网普及等现象令媒体的周边环境也发生了巨大变化。结果，新闻制作周期被大幅压缩，确认、分析信息真伪所必需的时间也被削减了。而且，媒体有意回避为监督政府权力而进行的调查报道，个人评论、猜测、讨论等节目的占比越来越高。另外，即便是高成本制作也不一定能取得期望中的高收视率，还有可能因为报道失实、给人造成损失而引起诉讼纠纷，于是名人的八卦和丑闻取而代之，开始被当作新闻播放。

在媒体监督政府权力的职能被削弱的情况下，2001 年“9·11”恐怖袭击事件又接踵而至。令人记忆犹新的是，面对其

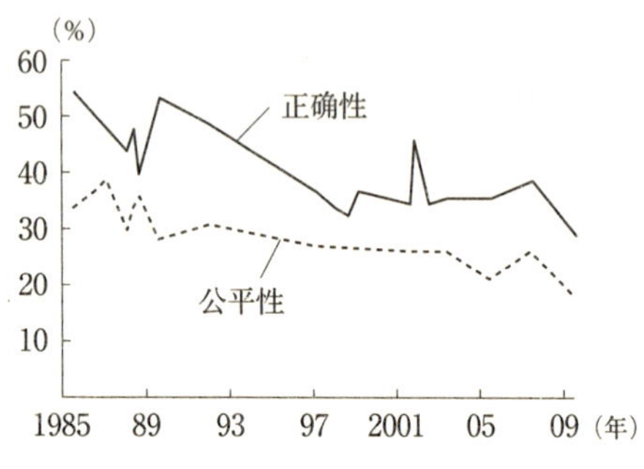

美国人对媒体印象的变迁

出处: http://people-press.org

巨大冲击，美国媒体未能遵循客观公正的报道原则，滑向非理性的爱国主义，在国内外都引起了非议。媒体的职责在于敦促政府慎重行事，然而在美国准备武力进攻伊拉克时，为了寻求国际上的支持，几乎没有任何一家大媒体质疑进攻的根据和妥当性。

在这种闭塞的环境下，美国广播公司（ABC）电视台的主持人皮特·詹宁斯批判福克斯新闻的报道态度说："虽然福克斯的主持人从开战初期就把星条旗的徽章戴在自己胸前，但星条旗并非用来彰显我们是谁。高质量的、公平的、诚实的报道才是我们爱国心的体现。"为了提请舆论采取克制态度，他又说："'9·11'恐怖袭击之后高涨的爱国主义（patriotism）实为国家主义（nationalism），而非真正意义上的爱国主义，不管政府和军队做什么都予以支持的倾向过于强烈了。"结果该节目的收视率下降了 5.8%。

有人指出，冷战结束后，在所谓“美国一国独大”的情况下，美国人逐渐丧失对外国的兴趣，转为关注国内。令人忧虑的是，即便在大学里，学习外语和研究外国的人员也在减少。另外，受削减成本的压力增大的影响，媒体逐渐缩小了国外的采访基地，不得不降低国际新闻的比重。据哈佛大学的调查统计，20 世纪 70 年代，国际新闻比重占新闻网络报道的 45%，在 1995 年却下降到 13.5%。

众所周知，近年来，受美国互联网兴起和经济萧条导致广告收入下降的影响，以地方为中心，各大媒体接连开始进行整合（仅在 2009 年，就有 140 多种报纸停刊，由于大幅压缩报道编辑部门，出版与报刊行业约有 9 万人失业）。结果，在地方政治的采访现场，抽样数少、廉价且简易的舆论调查被当作掌握民意的手段，所占比重逐渐增大。与了解当地情况的记者所做的精心报道相比，上述低质量的日常舆论调查开始占主导地位，甚至可能左右政治。

媒体能否继续担任“看家犬”？

美国国父托马斯·杰斐逊曾呼吁：“没有新闻的政府还是没有政府的新闻，如果一定要让我选择其一的话，我会毫不犹豫地选择后者。”奥巴马在 CBS 电视台主持人沃尔特·克伦凯特的追悼会上引用了这句名言，又说“有政府而没有充满活力的、敢作敢为的媒体——这不在美国的选项之中”，并对近年来调查报道的衰退表示了担忧。进而，在与负责采访白宫的记者协会共进晚餐时，他又说：“正是在座诸位让我们负起说明的责任，要求我们诚实，防止我们肆意妄为，进一步说，是为了每一个人的利益而协助我们，督促我们把工作做得更好。（中略）这样的报道值得坚持（preserve）。这不仅仅是为了在座各位，也是为了公众（the public）的利益。”

针对大型媒体不能发挥监督作用的情况，在美国，由非营利组织利用互联网监督、检验政府活动的情况盛行，其中有名的网站包括“开放式政府”（OpenTheGovernment.org）、“国家安全档案馆”（The National Security Archive）、“阳光政府倡议”（Sunshine in Government Initiative）、“华盛顿公民责任与道德组织”（CREW）、“国家保密合作”（Government Secrecy Collaborative）、“OMB 观察”（OMB Watch）、“职业记者协会”（Society of Professional Journalists）、“美国科学家联盟”（Federation of American Scientists）、“政府阁楼”（Government Attic）等。但是，即便是其中那些自诩为民主制度“看家犬”（watch dog）的组织，也有很多都在明里暗里反映出党派色彩和意识形态。

另外，近年来，美国出现了各种新的尝试：用市民做记者的大媒体，使用互联网的另类媒体，专门进行调查报道的非营利性报道机构，等等。

举例来说，有美国有线电视新闻网（CNN）于 2008 年 2 月设立的供听众、观众投稿的新闻网站“我来报道”（iReport.com），《纽约时报》于 2009 年 3 月设立的由市民博主（blogger）参与的当地网站“The Local”。这些媒体都获得了好评。

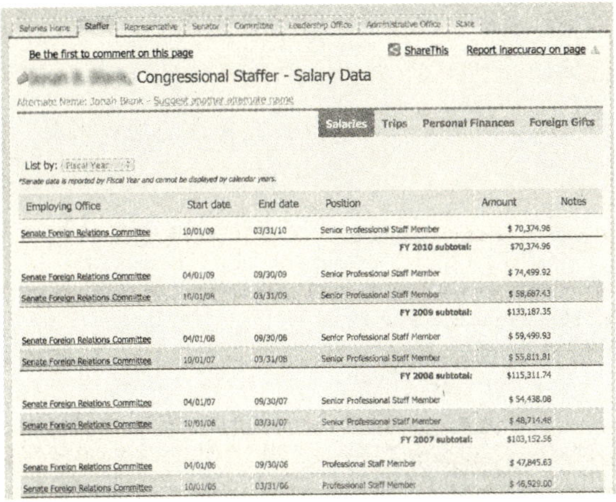

Salaries Home | Staffer | Representative | Senator | Committee | Leadership Office | Administrative Office | State

Be the first to comment on this page　ShareThis　Report inaccuracy on page

Congressional Staffer - Salary Data

Alternate Name: Jonah Blank - Suggest another alternate name

Salaries　Trips　Personal Finances　Foreign Gifts

List by: Fiscal Year

*Senate data is reported by Fiscal Year and cannot be displayed by calendar years.

Employing Office	Start date	End date	Position	Amount	Notes
Senate Foreign Relations Committee	10/01/09	03/31/10	Senior Professional Staff Member	$ 70,374.96	
			FY 2010 subtotal:	$70,374.96	
Senate Foreign Relations Committee	04/01/09	09/30/09	Senior Professional Staff Member	$ 74,499.92	
Senate Foreign Relations Committee	10/01/08	03/31/09	Senior Professional Staff Member	$ 58,687.43	
			FY 2009 subtotal:	$133,187.35	
Senate Foreign Relations Committee	04/01/08	09/30/08	Senior Professional Staff Member	$ 59,499.93	
Senate Foreign Relations Committee	10/01/07	03/31/08	Senior Professional Staff Member	$ 55,811.81	
			FY 2008 subtotal:	$115,311.74	
Senate Foreign Relations Committee	04/01/07	09/30/07	Senior Professional Staff Member	$ 54,438.08	
Senate Foreign Relations Committee	10/01/06	03/31/07	Senior Professional Staff Member	$ 48,714.48	
			FY 2007 subtotal:	$103,152.56	
Senate Foreign Relations Committee	04/01/06	09/30/06	Professional Staff Member	$ 47,845.63	
Senate Foreign Relations Committee	10/01/05	03/31/06	Professional Staff Member	$ 46,929.00	

也有调查美国联邦议会职员工资并全名公开的民间组织和网站（legistorm.com）

使用互联网的另类媒体有政治性新闻网站“赫芬顿邮报”（The Huffington Post，2005 年 5 月设立）、“政治”（POLITICO，2007 年 1 月设立）等，在 2008 年美国总统大选中广受瞩目。还出现了使用个人博客的另类媒体，从保守派的“德拉吉报道”（Drudge Report）到自由派的“Kos日报”（Daily Kos），为数众多。

有名的专做调查报道的非营利报道机构有“ProPublica”“圣地亚哥之音”（Voice of San Diego）、“公共诚信中心”（The Center for Public Integrity）等，它们能在慈善活动家和财团的资助下做不受眼前收益束缚的调查报道。其中，“ProPublica”的一篇报道描写了医生和护士在卡特里娜飓风灾害现场的极限工作状态。因为这篇文章，该网站在2010年成为第一个荣获普利策奖的网络媒体。

但事实上，从财政基础和政治党派性的观点来看，与已有媒体相比，这些新媒体能在多大程度上保持报道的客观性，或者说能在多大程度上持续发展是值得怀疑的。

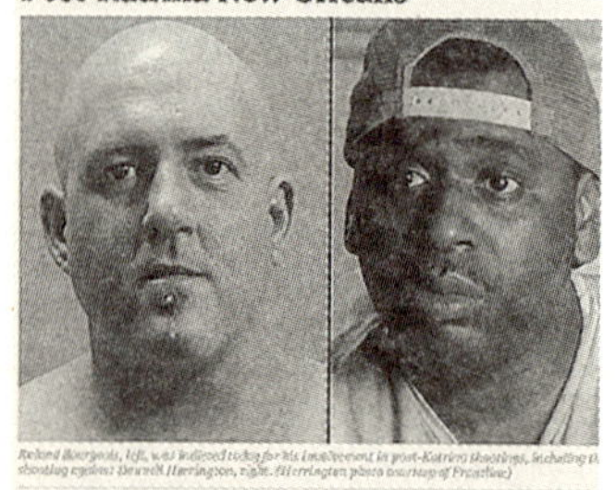

Home | Our Investigations | Tools & Data | Reporting Network | Blog

Law and Disorder
After Katrina, New Orleans Police Shot Frequently and Asked Few Questions

Man Indicted for Alleged Racial Attack Post-Katrina New Orleans

This was co-published with The Times-Picayune.

A former New Orleans resident was charged Thursday with federal hate crimes for alleged role in a racially motivated shooting of three black men in the days after Hurricane Katrina.

ProPublica 的网页

“超级资本主义”的逻辑和动力不仅支配着行使权力的一方，还支配着监督权力的一方。在这种情况下，如何实现美国民主主义的民主化？当代美国社会对政治、对媒体的不信任感不仅根深蒂固，且在最本质的部分相互纠缠。

第三章　偏执的安保意识

如果我能使一颗心免于破碎

如果我能使一颗心免于破碎，
我将不会虚度此生。
如果我能减轻一个人的痛苦，
或平息一个人的悲伤，
或帮助一只昏迷的知更鸟
回到它的巢居
我将不会虚度此生。

——艾米莉·狄金森

川名澄 译

（《我是无名之辈——艾米莉·狄金森诗集》，风媒社，2008 年收录）

一、门禁社区

商品化的乌托邦

“超级资本主义”的逻辑和动力也影响到了社区的存在方式。比如，在洛杉矶郊外的奥伦吉县，有全美最大规模的门禁社区“Coto de Caza”，其面积是东京巨蛋的四百倍，几乎与东京都港区相当。这个高级住宅小区四周围绕着高高的栅栏，有门禁系统，看门人一天 24 小时值班，除居民和相关人员之外的任何人都不能入内。大门内侧全部被视作私有道路，保安24小时巡逻。14 000 名居民中有 85% 是白人，居民平均年龄 35 岁，不仅年轻，且每 5 人中有 1 人拥有研究生学历，每户平均年收入为 170 000 美元（约是加利福尼亚州家庭平均收入的 3 倍）。每栋房屋的价格远超 100 万美元。

门禁社区（gated community）这种形式，其本质就是专为超富裕阶层建造的高级住宅区，虽然早在 19 世纪中叶就出现了，但受到瞩目是在 20 世纪 60 年代后半期，当时出现了为退休人员修建的社区。在 20 世纪 80 年代、房产投机和消费热的高潮时期，出现了面向富裕阶层的社区；20 世纪 90 年代，又急剧出现了大量面向中产阶级的社区。结果，到了 1997 年，全美共有这类社区 2 万处，社区居民达 800 万人。然而，仅仅过了 10 年的光景，社区数量便增至 5 万处，社区居民也增至 2 000 万人以上。在包括加利福尼亚、得克萨斯、佛罗里达三州的阳光地带（sun belt），40% 以上新建的计划型住宅都带有门禁系统。特别是在大城市，这一比例甚至高达 50%，洛杉矶、达拉斯、休斯敦等地也有居民数在 100 万人以上的社区。从类型上来看，可以分为面向退休人员、面向富裕阶层和面向中产阶级这样三个等级的社区。最近，为担心治安问题的工薪阶层建造的社区也在增加。尽管有时会遭到当地居民的强烈反对，像这种用铁栅栏围起来的“乌托邦”式社区仍像商品一样被大量制造出来，且毫无停止的迹象。

在美国，原则上城市建设并非由政府主导，而是居民根据自己的意愿自发进行的。也就是说，经过同意，居民将自己的

（上）门禁社区的象征——门房

（下）分布在广阔的门禁社区内部的住宅（均为本书作者拍摄）

钱作为税金上缴，用于设立警察、消防等机构，再通过代表来制定规则，最后逐渐形成城市的规模。州、县对城市建设的介入本就很少。另外，20 世纪 80 年代以来，在以“小政府”为政治理念的风潮当中，政府提供公共服务的行政职能被不断弱化。结果，由业主委员会等民间组织制定学校、娱乐设施、公园、道路等公共设施和公共财产的规章制度的做法受到鼓励。因此，许多门禁社区拥有极大的权限，甚至可以被称为“半自治体”（部分住宅小区甚至还被赋予代征税的职责）。当然，希望住宅小区保值的开发商非常欢迎居民的这种积极态度。而且，开发商出资新建道路、下水道以及其他基础设施，并将这部分成本转嫁到购买住宅的业主头上，这对政府来说也是求之不得的事。

不断蔓延的“新中世纪”

文化人类学者塞塔·罗伊（纽约市立大学教授）对自己一家所居住的得克萨斯州圣安东尼奥门禁社区进行了社会调查，并以此为据撰写了《大门背后》（*Behind the Gate*，2003 年，无日译）一书。他在书中绘声绘色地描写了门禁系统内部并不安全、居民之间极少交往的情况。一方面，业主委员会中争吵不断；另一方面，绝大多数居民对小区事务漠不关心，如果不是住在同一条街道或者孩子们在一起玩耍，家庭和家庭之间几乎没有来往。

罗伊称这种现象为“道德的最小主义”（moral minimalism）。

我本人在参观“Coto de Caza”社区时最感兴趣的是儿童的情况。与社会矛盾和悲惨现实绝缘的、如同温室一般的社区真的有益于儿童的成长吗？这是我脑海中挥之不去的疑问。罗伊在其著作中描写了一个社区里的儿童，因为对建筑工人和保洁人员感到陌生、恐惧而畏缩不前。在我看来，这个情景本身更使人感到不祥：他们之间会有交集吗？

因为其形态，门禁社区经常被比喻为中世纪欧洲的要塞（fortress）。而在象征着“现代化”的美国，“新中世纪”却不断涌现。这就是自由的堡垒吗？还是说这恰是丧失自由、逃避自由的明证？我不禁感到这是对自诩为“自由国家盟主”的美国的警示，也是对其“合众为一”（E Pluribus Unum）理念的考验。

1990 年，城市社会学家迈克·戴维斯（加利福尼亚大学河滨分校教授）在《要塞城市洛杉矶》（村山敏胜、日比野启译，青土社，2001 年）一书中写道：“欧洲已经迎来不断拆除围墙和栅栏的时代，而洛杉矶却在到处修建围墙。”近年来，大门内再设大门、为小区安全上“双保险”的社区正在不断增加。

二、巨型教会

购物中心一般的教会

如果说外界是一个充满危险（暴力、犯罪、吸毒、色诱、恐怖活动等）的“反乌托邦”，那么在从与之隔绝的空间和人际关系中寻求“安全、放心”（security）这一点上，有两千人以上信徒的基督教保守派巨型教会也是一样。1970 年，全美这一类型的巨型教会仅有 10 个，到 1990 年却增至 250 个，在 2008 年则超过了 1 300 个。

规模巨大自不必说，巨型教会的耐人寻味之处还在于其以“小组”（cell）为单位进行日常活动。除了研究《圣经》，还有根据信徒的目的和需求提供贴心帮助的各类小组，诸如婚姻咨询、育儿咨询、晚年生活设计、戒毒、缓解心理压力、保健、体育运动、休闲、志愿者活动、职业心理咨询，等等。为每一个信徒提供“小组”这个活动场所，是为了不让他们因为组织规模的巨大而被埋没在默默无闻中，这和一直以来的大规模集会、礼拜有很大不同。

最近，“小组”的集合体——巨型教会本身出现了小城镇化的趋势，有些地方甚至建有学校、医院、银行、托儿所、住宅、美容院、宾馆、餐馆、电影院、图书馆、足球场、滑冰场等设施。

（上）雷迪安特教会（Radiant Church）的外观

（下）有歌声、有视频、有舞蹈的教堂集会（均为本书作者拍摄）

因为能够从信徒那里得到捐赠，自 2008 年雷曼兄弟银行倒闭后，不少教会积极购入房产。对开发商来说，这也是一项颇具魅力的买卖，因为和教会签订合同可以享受税收优惠。

巨型教会飞速发展的支柱是缜密的市场运作手法：反复上门访问、掌握周围居民关心的问题和日常新闻、瞄准目标制定传教战略。针对那些因为“教会很死板”“会被索要金钱”“说教没有实际用处”而远离教会的人，这些手法巧妙而成功地创造了一个“用户友好”式的空间。

我曾参观过位于亚利桑那州郊外的雷迪安特巨型教堂（Radiant Church）。它的整体占地面积约为东京巨蛋的 2.5 倍，四层楼高的教堂是 2005 年春天新建的，建筑面积为 5 000 平方米，是这一带最高的建筑物。信徒超过 5 000 名，有 40 名专职工作人员，65 名非专职工作人员，380 名志愿者。每周支出预算为 80 000 美元，其中三分之二来自信徒的捐款。2005 年，它在《传教杂志》“美国发展最快的教会”排行榜上位列第 18 名。

与规模宏大的教堂、严格的《圣经》释义（比如，相信以人为首的万物是上帝在世界诞生之时创造的，等等）给人的印象相反，这里的氛围是令人惊讶的休闲和随意。礼拜仪式在由年轻信徒组成的基督教摇滚乐队的伴奏下开始，身穿夏威夷衬衫和牛仔裤的牧师夹杂在乐队中敲击着铃鼓（不少巨型教会还拥有专业的音乐演播室、录音室、图画演播室、播音室、电视组和有线广播等设施）。教堂里几乎看不到彩色玻璃和十字架，却能看到设在各处的免下车快餐窗口和健美中心。儿童室里有10台以上的Xbox（一种家庭用游戏机）。还有星巴克和卖脆奶油甜甜圈的时髦咖啡馆。看到这些，人们会感觉这里与购物中心无异。不，实际上，就连牧师本人也说要建立一个"购物中心一般的教会"。

市场运营模式渗透到神圣的信仰领域，在这种背景之下，专门为宗教组织发展信徒（会员）、运营教堂的顾问公司之间的竞争也加剧了。巨型教会的职员有不少是商学院的毕业生。而在哈佛大学商学院，巨型教会则被当作课堂教学案例。也就是说，在注重成本与利润的时代，即便是教会也需要具备企业家的精神。

在礼拜过程中，有人根据《圣经》讲解炒股窍门，还有人把对上帝的信仰表述为"和耶稣联网"。奥巴马总统就职仪式上的祈祷牧师里克·沃伦隶属于洛杉矶郊外一座全美屈指可数的巨型教会——萨多尔巴克教会（信徒数19 000人），他说，他采用的传教手法类似于"英特尔的操作系统芯片"，重视信徒的兴趣和需求，适用于所有的教会。而且，据说这种手法已经被全世界160多个国家、10万座以上的教会引进了。

针对巨型教会的这些运营手法，主流派教会——并非20世纪80年代以后急速发展的保守派教会，而是曾经的主流稳健派、自由派教会的总称——以"耶稣是资本主义吗"为名进行了批判。近年来，也有越来越多的虔诚信徒厌恶一味夸张化、奢侈化的教会，想要回归耶稣教义的原点，他们把住宅当作教会，并在这种“住宅式教会”里进行集会。

在 1960 年之后的 40 年里，美国主流派教会的信徒数和礼拜出席率都达到了总体的三分之二，但在今天，只有四分之一的主流派教会能吸引到 140 名以上的礼拜参加者。巨型教会不仅将人们领进教堂，而且不论手法如何，它让人们敞开了心扉、倾听耶稣的教诲，许多人对这项功绩赞不绝口。也有人指出，因为主流派教会将社会阶层和教派紧密联系在一起，所以具有较强的排他性；而巨型教会却十分开放，真正体现了“上帝面前人人平等”的精神。

正如我在第一章介绍的，2005 年飓风卡特里娜袭击美国东南部时，得克萨斯州休斯敦市的湖木教会——全美最大的巨型教会（信徒人数达 44 000 人）——迅速组织起志愿者并将他们派遣到设在该市内的避难所。与向来只注重募捐的主流派教会相比，巨型教会发挥了机动灵活的优势。而且，通过宣传信徒在灾区从事救援活动时汗流满面的样子，也可以进一步赢得潜在信徒的衷心支持。

悖论式社区

在美国，早在 20 世纪 70 年代，社会上便蔓延着人们对政府应对失业、贫困和犯罪等社会问题时所采取的措施的失望情绪。20 世纪 80 年代以后，因为“小政府”成为时代潮流，以巨型教会为象征的保守派教会起到了可称为迷你版福利国家的替代性功能。

就在本应是“现代化”象征的美国，保守派教会的实力却越来越大——这种现象有时也被称为“返魅”（re-enchantment）。针对这一点，人们经常做出以下三种解释：

①为了对抗资本和信息的全球化（= 超现代）趋势，在世界范围内出现了从宗教中发现原始价值的倾向；

②对 20 世纪 60 年代民权运动和反主流文化运动的反抗；

③具有保守的社会价值观的西班牙裔和亚裔移民大量流入美国社会。

但是，我认为应该还有第四种解释，即从其与新自由主义相辅相成的关系这个角度考虑。过去，社会人类学学者艾伦·麦克法兰（剑桥大学教授）曾在《资本主义文化》（常行敏夫、堀江洋文译，岩波书店，1992 年）一书中指出：“假如没有资本主义，爱也能存在。那么，如果没有爱，资本主义到底能否存在，或者能否持续存在？这还是一个问题。”（本书作者直译自英文原文）这句话同样适用于新自由主义和保守派教会的关系。

耐人寻味的是，无论是门禁社区还是巨型教会，均在远郊地区——郊区外部的住宅建设前沿——发展得最为迅速。在 2004 年的总统选举中，100 个实现了经济迅速增长的县里有 97

个投了小布什的票，这些选民的住宅几乎都位于远郊地区。这里也是“足球妈妈”——开着车身高且坚固的 SUV 车（运动型多功能车，起源于军用吉普）送孩子去足球场的人——和“安全妈妈”——“9·11”恐怖袭击发生以后开始优先考虑家人安全的人——等近年来掌握着总统选举成败关键的年轻中产家庭聚居区。

如果说门禁社区让人联想到“新中世纪”的到来，巨型教会亦是如此。二者都是为补足因过度的新自由主义政策导致公共服务缺失而建起来的安全空间，但与此同时，二者在其产生和发展上又依靠新自由主义的逻辑和动力，是一种悖论式社区。

三、第三世界化的美国

“一无所有的人”

无须多言，贫困阶层在上述逻辑和动力面前束手无策。20 世纪 90 年代中期，我在波士顿南部的老城区“Inner City”（低收入家庭密集的市内地区）进行了为期三年的田野调查。这里是《心灵捕手》（*Good Will Hunting*，1997 年）、《神秘河》（*Mystic*

River，2003 年）、《无间道风云》（*The Departed*，2006 年）等好莱坞大片都曾描写过的、闻名于全美的“贫困和犯罪频发的白人贫民窟”。

在我进行田野调查期间，《美国新闻与世界报道》（*U.S. News & World Report*）发表了题为“底层白人”的特别报道，将该地区称为“美国底层白人之都”。

当时，在这个有三万人口的地区，常发生十几岁的年轻人自杀、自杀未遂和吸食毒品过量等事件。以男性为主，一年间有十人上吊自杀，而自杀未遂事件则发生过近二百起。该地区出身的作家迈克尔·帕特里克·麦克唐纳对“上吊”这种罕见

20 世纪 90 年代中期，波士顿南部的低收入家庭密集区，玻璃破碎的窗户用纤维板遮掩着（本书作者拍摄）

的——特别是对十几岁的年轻人来说——自杀手段表示了关注，在接受《国际先驱论坛报》（*International Herald Tribune*）采访时，他评论道："什么人会上吊自杀？只有监狱里的人。""监狱"意味着在绝望中被囚禁，在贫困中被隔绝。因为与我的调查对象有关，这个案例给我留下了深刻的印象，现代美国社会中那些"一无所有的人"所感受到的疏远和虚无，其严重程度可以从这个案例中看出来。对我来说，称其为美国社会的原始风景之一也不为过。

脱贫工作之所以困难重重，是由各种在深层次上彼此牵连的因素造成的：对政治的不信任感导致投票率下降（结果却受到政治家的轻视）；性别、阶层等意识形态的束缚使人无法在社会上出人头地；行动规范的欠缺；教会道德权威的式微；毒品的蔓延；等等。

曾荣获普利策奖的实力派记者戴维·希普勒在其畅销书《穷忙族》（*Working Poor*）（森冈孝二、川人博、肥田美佐子译，岩波书店，2007年）中深入地阐明了这一恶性循环：

> 破旧的公寓造成儿童哮喘病恶化，以致不得不叫救护车，这样又产生了必须支付的医疗费，导致信用卡透支、车贷利息增加。于是，购买容易出故障的二手车成为必然，这又导致母亲无法严守单位的工作时间，结果限制了她的晋升和挣钱能力，使她永远无法搬出简陋的房屋。

饥饿与肥胖

美国本是一个贫富差距很大的社会，但是，在罗斯福新政时期，人们在收入和资产两方面的差距有所缩小。到了 20 世纪 50 年代，美国成了一个较为平等的社会（中产阶级支撑大众消费——富庶繁荣的美国社会的形象就产生于这个时期）。但是，在自由贸易、放松管制、民营化不断加速的 20 世纪 70 年代中

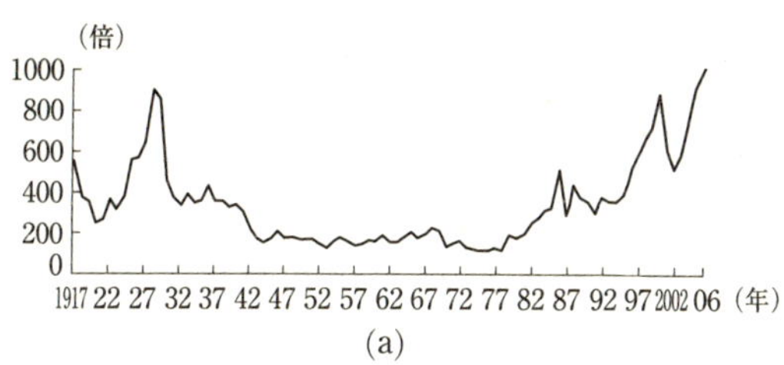

(a)

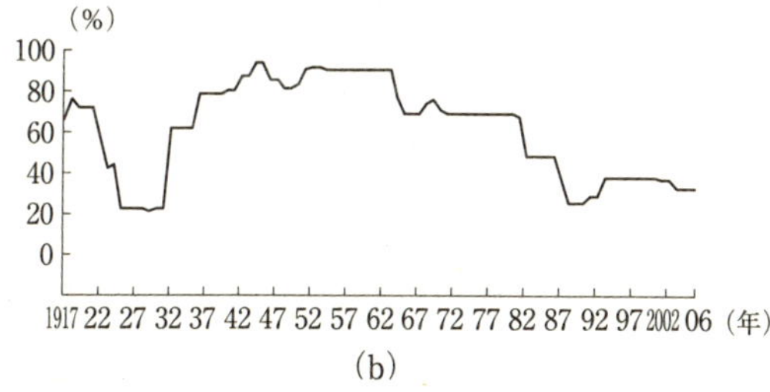

(b)

（a）前 0.01% 和后 90% 的美国家庭收入差距（倍数）的变迁（1917—2006）；
（b）面向最高收入人群的征税率（1917—2006）

出处： http://live.thenation.com/special/images/extreme_inequalitychart.jpg

期以后，这种趋势发生了逆转。不仅劳资关系恶化、就业形势不稳定，而且里根政府、布什政府降低了税制的累进性，不断削减对贫困家庭的政府补贴支出。中产阶级人数不断减少，20世纪90年代的信息革命导致金融交易全球化，布什政府对富裕阶层实施减税，财富开始明显向一小撮富裕阶层集中。

据皮尤研究中心（Pew Research Center）调查（2008年）统计，1969年至2006年，全美家庭的平均收入增加了将近40%，而富裕阶层的收入则增加了将近50%。在资产方面，家庭与家庭之间的差距越来越大，中产阶级的资产收入约增加了30%，而富裕阶层的资产收入约增加了123%。美国人中最富有的30万人的合计收入额与排在他们后面的1.5亿人的收入额大致相同。

美国人口普查局的报告（2010年度）显示，2009年美国每户家庭收入的中间值为49 777美元，贫困率为14.3%，没有加入健康保险的人的比例为16.7%。1964年，林顿·约翰逊总统将“食品券”——补助生活困难者购买粮食的票券——制度化，2010年，根据该项制度领取食品券的人数刷新了最高纪录，达到4 100万人（截至6月份）。也就是说，每八个人中就有一人处于需要和饥饿做斗争的贫困状态。

另一个经常与被排除在社会发展之外的人群一同提起的是所谓肥胖问题。肥胖是困扰整个美国社会的问题，造成它的原因多种多样，以低价购买量产商品、以可即食的快餐或速食食品果腹，越是在低收入阶层中和贫困地区，肥胖倾向就越明显。

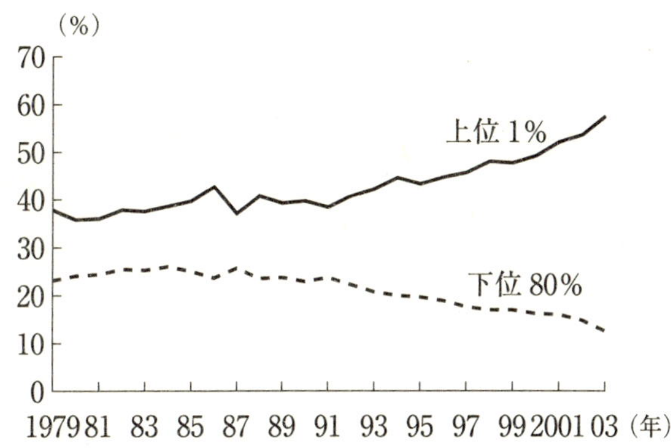

资产收入差距

美国收入排名前 1% 和后 80% 的家庭在收入占比上的差距变迁（1979—2003）

资料： Professor G. William Donhoff

出处： http://static.businessinsider.com/

比如，据洛杉矶市政府医疗保健机构的调查统计，在低收入人群集中的洛杉矶南部地区，成年居民的肥胖比例高达 30%，远远高于闹市区的 19% 和高收入人群集中的西部地区的 14%。在洛杉矶南部地区的饮食店中，快餐店占 73%，而在西部地区快餐店仅占 42%。2008 年，洛杉矶市议会一致通过了一年内禁止在洛杉矶南部地区新开快餐店的条例。

另外，据范德堡大学的报告（2007 年）统计，比如就华盛顿哥伦比亚特区而言，白人的肥胖率为 8%，而贫困阶层较多的黑人的肥胖率为 31%。同样，就整个美国而言，越是在贫困率高的南部地区，肥胖率也就越高。比如在路易斯安那州的圣玛丽堂区，三个白人中就有一个患肥胖症，在北卡罗来纳州的哈里法克斯郡，两个黑人中就有一个患肥胖症。

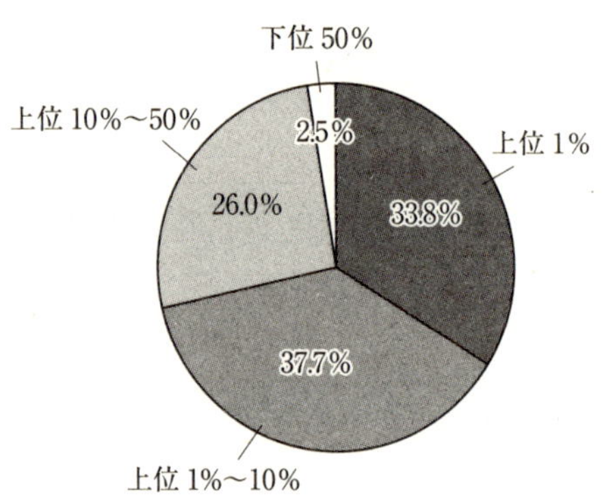

美国的资产差距分布图（2007 年）

资料：政策研究学院（Institute for Policy Studies）

出处：http://static.businessinsider.com

格莱珉美国分行

在美国，近年来专以富裕阶层为目标的会员制服务业发展势头良好，比如，总部设在旧金山的个人投资者研究所（IPI）面向拥有巨额资产的个人投资者提供信息，支援他们建立关系网。据说 80% 的会员拥有五千万美元以上可投资的资金。提供相同服务的纽约奢侈品协会的入会条件是总资产在三百万美元以上，尽管门槛如此之高，该协会在雷曼兄弟银行倒闭之后依然维持了稳定的会员数。

经济学家保罗·克鲁格曼（普林斯顿大学教授）在《人造的贫富差距》（三上义一译，早川书房，2008 年）一书中指出，布什政府统治下的美国在贫富差距水准方面与南北战争过后的“拜金时代”相当。在那个时代，一方面，钢铁大王安德鲁·卡内基、石油大王约翰·洛克菲勒等富豪层出不穷；另一方面，马克·吐温批判社会上的腐败和不公，内村鉴三（1861—1930，日本基督教思想家，无教会主义的倡导者，于 1884—1888 年赴美国深造）则因对美国失望而回到了日本。同时，那也正是大萧条前夕的泡沫经济时期。

从 20 世纪 70 年代后半期到 20 世纪 80 年代后半期，哈佛大学医师团撰写了一份题为《现代美国的饥饿问题》的报告（J. 拉里布朗、H. F. 拜泽，青木克宪译，南云堂，1990 年），不仅从医学观点，还从政治、经济、社会、文化、福利的角度分析了全美国的饥饿问题。在该报告中，关注社会责任医师协会会长维克多·塞德尔表示：“为了给美国的饥民免费分发食物，印度修女不远万里从加尔各答赶到芝加哥，管理那里的免费食物分发所（流动厨房）—— 我读到这则消息时简直难以置信。”

从那之后过了将近二十年，2008 年，孟加拉国格莱珉银行在南亚和中南美移民劳动者聚居的纽约市皇后区杰克逊高地小

格莱珉银行美国分行的主页

区开设了全美第一家分行。该银行以使用微型贷款（小额无担保贷款）救济贫困阶层而著称。2010 年，该银行向 2 500 人贷款了 500 万美元，此后又在纽约市布鲁克林区、曼哈顿区、内布拉斯加州奥哈马等地设立了分行，开展贷款业务。“新中世纪”的美国同时也是第三世界化的美国吗？

超越二者择一论

急需补充的一点是，如上所述，阻碍脱贫的原因多种多样，且往往相互联系，不能仅归结为经济因素即新自由主义。

社会学家斯蒂尔·温卡提修（哥伦比亚大学教授）在《美国的地下经济》（桃井绿美子译，日经 BP 社，2009 年）一书中绘声绘色地描写了芝加哥南部这个全美屈指可数的贫困地区——年轻时的奥巴马也曾在此从事赋权活动——的社会现实，该书曾荣膺社会学领域的权威奖项 C. 赖特·米尔斯奖。作者从 1995 年开始深入这个多数居民是黑人、无业贫困阶层或“穷忙族”的地区，进行了为期八年的调查，力求从“内部”理解他们的日常生活。

在书中，作者聚焦了一个覆盖整个社区的、难以察觉的、缜密而错综复杂的地下经济网络。在那里，不用说暴力团伙和妓女，就连神职人员和警察也互相勾结、暗中活动。作者以敏锐的洞察力对非合法社会团体、黑社会的不成文规则进行了近距离观察：“别看躺在商店外的流浪汉生活悲惨，或许是店主背地里以廉价工资雇他们晚上看门。”这些问题所形成的严峻现实，单靠各种对症下药的行政措施——哪怕出自正义感和善意——已经无法解决。

贫困问题往往被归因于千篇一律的二者择一论：“当事人自己的责任”，或者“社会制度（政治、市场）的失败”。作者活灵活现地描绘出沉重、复杂、灰暗现实中的形象，让欠缺思考能力的我们引以为戒。

在这一点上，刚才提到的《穷忙族》一书也是同样。作者希普勒一方面承认苏联的失败，另一方面也担心如果美国政治家继续无视贫困问题，“美国主义也会失败”。但是，他既不支持自由派也不支持保守派。他认为，在解决贫困问题这一点上，不论是自由派还是保守派都有失偏颇：前者忽视不健全的家庭功能和个人责任，后者则轻视从政治和制度上进行干预的必要性。毋宁说，他将希望寄托在公民身上，因为他们“殷切期盼从二者择一论的死胡同里走出来，站在现实主义的立场上，以不为意识形态所束缚的态度参与协商”。

奇迹的再现

希望的确是存在的。比如与波士顿南部老城区（笔者曾在此进行社会调查）相邻的达德利区，在20世纪70年代曾是一个令人绝望的贫民窟。那里的空地上每天都堆着被非法丢弃的六百吨垃圾。因为臭气熏天，孩子们时常恶心呕吐，老鼠异常繁殖造成卫生状况恶化，甚至导致患病居民增多。警察几乎不来这里巡逻，光天化日之下便有人公然进行毒品交易。结果，这里变成马萨诸塞州最贫穷的地区之一，房地产价格降到谷底，通过纵火来领取保险成了最可靠的回收投资手段。

但是，在1984年，为了拯救社区，居民们团结一致，着手成立了由居民主导的非营利组织“达德利街社区倡议”（DSNI），让当地的组织、政府、公司等股东参与进来，着重解决就业、住房、

达德利地区的壁画（本书作者拍摄）

服务、学校、治安等问题，终于实现了奇迹。

今天，在该社区周围散步，你能看到巨幅壁画上描绘着当地男女老幼勤劳、奉献、重视家庭和社区的形象。这是当地年轻人花费巨大精力画成的。令人吃惊的是，据说至今为止这幅壁画从未被人画上涂鸦。全美有二百多个老城区化为了贫困和犯罪的温床，从美国各地和国外来这里考察学习的人络绎不绝。

达德利社区的居民有 24 000 人，其中黑人占 37%，拉丁裔（西班牙裔）占 29%，佛得角人占 25%，白人占 7%，是一个多民族聚居的社区。在自己家里使用英语以外语言的人占 40%，比整个波士顿的平均值高 10%。

顺带一提，佛得角人是指在西非塞内加尔西海诸岛上出生的居民。该地区与新英格兰的关系源远流长。18 世纪后半叶，在大西洋上航行的捕鲸队为了补给食品在这里的港口停靠，并将因为干旱和饥饿而希望工作的佛得角人带到了美国，之后他们便定居在美国。

一般认为，DSNI 能够取得成功有两个关键原因：一是 34 名董事当中超过半数（22 人）是当地居民；二是按照主要民族而不是按照人口比例平均分配居民董事名额。印刷品使用英语、西班牙语和克里奥尔语三种语言，在重要会议上还配有同声传译。可以说这是一种不排除少数派的创意，同时也表现出“居民主导的”强烈意愿。

四、种族政治学

是“克服”还是“回避”

可以说，达德利社区的协调合作体现了奥巴马提出的“一个美国”的精神。但是，整个美国社会中的种族壁垒（color line）依然很严重。

2008年美国总统选举便如实反映出了这一点。

当然，奥巴马获胜是事实。但是，作为选举战略，不强调奥巴马是黑人一事也是事实。选举团队的判断是，若被看作继承了黑人权利运动的老一代黑人政治家，就无法获得白人和其他少数民族及种族的选票。这件事本身反而让人深切感受到“黑人”这道种族壁垒的厚重。奥巴马并未反复主张“黑人、白人、拉丁裔、亚裔的美国”，而是强调“一个美国”。若用略带讽刺的眼光看待这个问题，也可以这样解释：要想以“黑人”的身份进入美国中央政界，必须消除选民的戒心，因此不得不格外强调“一个美国”的口号。

另外，奥巴马缺乏在白人和西班牙裔工薪阶层中赢得选票的能力。按理说，经济上不得志的奥巴马能在政治上出人头地一事本身恰恰体现了“美国梦”，本应赢得他们更大的共鸣。然而，事实却并非如此，从社会学的原因来看，西班牙裔工薪阶层和黑人在劳务市场上往往处于竞争关系，二者在居住空间上也关系紧张。对于西班牙裔等美国非主流阶层来说，要真正接受奥巴马所主张的“民族的融合与团结”“给人带来希望的政治”绝非一件易事。

需要顺带补充的是，那么希拉里·克林顿在预选中败北是否意味着“女总统”的诞生为时尚早呢？我并不认为她是因为身为女性才失败的。毋宁说，这件事给人留下这样一种印象：正因为她没有向选民充分阐释女性总统具有的革新意义，“变革”成了奥巴马的旗号，她则被贬低为美国中央政界中的“旧势力”（从这个意义上来说，以奥巴马为对手，强调自己的执政“经验”实在是打错了算盘）。她这样做恐怕是顾虑到若过分强调自己的女性身份会引起男性选民的抵触。但是，和奥巴马的“黑人”身份一样，这件事也令人感受到“女性”这道性别壁垒的厚重。选民的“反希拉里”情绪之所以根深蒂固，原因似乎在于她给人留下了野心勃勃、性格强势、精于算计的印象。但是，具有同样特征的男性政治家也绝不在少数。那么，为什么只有“她”会被视作问题呢？从这里可以清楚看出性别壁垒的存在。

结果，即便是在民主党内的预选当中，种族和性别也没有成为直接的争论焦点。当然，这件事也有值得欢迎的一面。但沉默本身能说明很多问题。或许，种族和性别问题不是被“克服”了，而只是被“回避”了。

种族隔离

工会本应如堤坝一般，防止“少数族群”（minority，在种族、性别、民族方面占少数的人群）暴露在新自由主义的逻辑和动力面前，但美国的工会却未能做到这一点。在工会中占主导地位的熟练工虽然要求改善工资和工作环境，但一旦得到满足，他们就会坚守既得利益，与带来工资和工作环境恶化的新移民不断产生矛盾。而新移民来自不同国家，难以形成组织，无法对抗工会的压力和排斥。而且，在劳工运动中，几乎没有“少数族群”团结一致的案例。非但如此，黑人、西班牙裔、亚裔等不同种族之间的紧张和矛盾容易先行尖锐化，反而有彼此隔离的倾向。

另外，伴随着向上的社会流动，熟练工跻身中产阶级，逐渐远离工会；除日常生活不可或缺的食品以外，其他物资大量从国外进口，从业人员多、工会力量强大的制造业快速迁往国外。今天占美国经济七成的是服务业，制造业所占比重只有一成多。

结果，留在美国国内、从事传统型工业（非尖端产业）的工人和从事运输、土木、保洁等体力劳动的工人多数都是新移民和非法移民（一般被认为能够以极低工资雇到的非法移民今天已经占到美国全部就业人口的 5%）。20 世纪 50 年代，工会入会率超过 25%；到 2006 年却下降到 12%。全美汽车工人联合会（UAW）便是其中代表，在 20 世纪 70 年代末，该企业的工会会员人数达到 150 万人，而 2007 年却下降至不到 50 万人。

美国中央政界的种族隔离现象也十分明显。在联邦议会（第 111 次国会，2009 年 1 月 3 日至 2011 年 1 月 3 日）众议院中，白人占 76%，犹太人占 7%，黑人占 9%，西班牙裔移民占 6%，亚裔占 1%，土著美国人占 0.2%；在参议院，白人占 80%，犹太人占 14%，黑人占 1%，西班牙裔移民占 2%，亚裔占 2%，土著美国人为零。考虑到人口比例（截至 2005 年），白人占 75%，犹太人占 2%，黑人占 12.1%，西班牙裔移民占 14.5%，亚裔占 4.3%，土著美国人占 0.8%，非对称性非常明显。顺带一提，女性在众议院和参议院中的占比均为 18%。就美国联邦法院的人事而言，小布什政府任命的法官有三分之二是白人男性（截至 2010 年 7 月，在奥巴马政府任命的 73 名法官之中，女性占一半，黑人占 25%，亚裔和西班牙裔移民各占 10%，而白人男性占整体的三分之一左右。）

种族隔离造成的扭曲现象在政治、经济层面上有种种不同的表现形式。比如，观察一下有害废弃物处理厂所在地区，能发现在当地居民构成中，“少数族群”、贫困阶层的比例非常高。据美国环境保护署（EPA）统计，黑人住在有工业污染、损害健康可能性高的地区的比率比白人高 79%。

当然，所谓“少数族群”也不能一概而论。比如在所有黑人家庭中，中产阶级的比例在 20 世纪 60 年代后半期以后从 27% 增加到了 37%，而贫困家庭的比例则从 70% 下降至 46%；年收入在十万美元以上的富有黑人家庭从 3% 增加至 17%。许多自由派人士要求修改“平权法案”——为消除社会歧视而在就业、晋升和升学考试等方面积极优待“少数族群”的政策——的原因之一也在于此。奥巴马本人也曾明确表示：“我的两个女儿上大学时不必受‘平权法案’照顾。这样的优惠应该给予经济条件较差的人。”

然而，我们不能忘记，从奥巴马一家居住的白宫驱车向东南方行驶十分钟，街景就完全不一样了，那里有陷于歧视、贫困和犯罪的恶性循环中的黑人社区。首都华盛顿哥伦比亚特区是美国屈指可数的高犯罪率城市之一，三分之一的凶杀事件就发生在那一带。

在无法提升社会和经济地位的人群中，有不少人为了寻求根本性的救济而改信伊斯兰教。据说信仰伊斯兰教的美国人有六百万人之多，而且还在以大城市为中心不断增加。照此下去，几年内超过信仰犹太教的美国人人数是确定无疑的。皈依者当中，黑人占了四分之一，而近些年来西班牙裔移民的人数也在急剧增加。其原因一般被认为是生活在美国社会底层和边缘的人深重的绝望感。

绝望的社区

另外，所谓街道帮派恐怕就是人们将其对社会的绝望转化为负能量后形成的产物，这也是他们能找到的唯一一种团结一致的形式。然而，虽说是团结一致，其中却也存在严格的肤色界限，若是侵占对方地盘——哪怕只是一条街道——就可能伤及性命，这绝非虚构世界里的故事。在美国大城市周围搞社会调查时，首先需要搞清楚那里有没有肉眼不能辨别的界限。

在为数众多的帮派中，现在势力最大且还在不断扩张的是西班牙裔移民的MS-13（意为“野蛮萨尔瓦多人”，数字13是表示“南加利福尼亚”的帮派号码）。这个帮派是以20世纪80年代为躲避内战从萨尔瓦多来到洛杉矶的孤儿和难民为中心形成的组织，截止到2005年，在全美33个州共有一万名成员。进而，以萨尔瓦多为中心，在加拿大、墨西哥、危地马拉、哥伦比亚、西班牙、澳大利亚、英国、德国等国也确认了该组织的存在，全世界总成员数达十万。

在该组织的入会仪式上，男性要无抵抗地在13秒内被其他成员暴打，女性则要被其他成员强奸，这已成为惯例。有人9岁入伙，11岁就杀了人。一名入伙四年的17岁女子将其内部情况曝光给电视台，几个月后，她就被同一帮派的朋友刺杀身亡。他们用文有表示“监狱、医院、坟地”符号的手做出各种手势，以交换信息、不断走私并买卖毒品、在黑市上进行枪支交易、盗窃、殴打治安当局的执法人员。联想起里根政府时

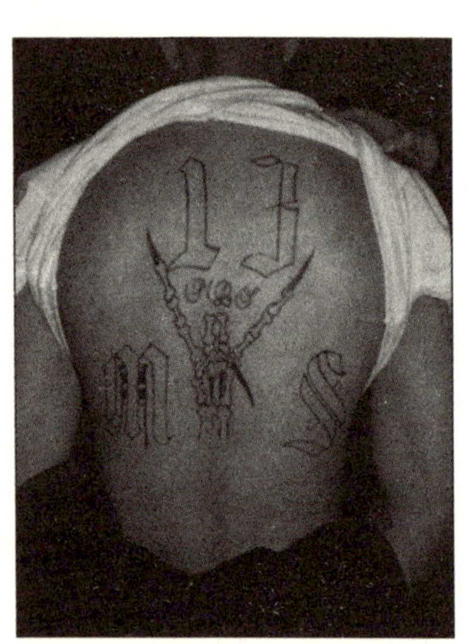

表示MS-13成员的文身（引自美国联邦调查局的网页）

期美国为萨尔瓦多内战提供的资金和武器，实在令人感到讽刺。

当然，不仅“少数族群”中存在帮派，也有众多仅由白人组成的帮派。另外，穿纳粹制服的“光头党”和以白色长衣为象征的白人至上主义团伙虽非帮派，也因为经济萧条和美国历史上第一个黑人总统的出现而正在不断扩大势力。

比如，据宣扬白人至上主义的网站“暴风前线”（Stormfront）——由原三 K 党（Ku Klux Klan，缩写为 K.K.K.，奉行白人至上主义的民间团体）头领唐·布兰科开设——统计，在奥巴马于 2008 年总统选举中获胜后的 24 小时内，就有 2 800 名新会员登记加入该组织。截止到 2009 年，会员人数达到了 15 万。当代帮派的特征之一便是不再像过去那样直接批判“少数族群”，而是宣扬“坚守白人的尊严和文化”。耐人寻味的是，从找对象到园艺，该网站总共开设了 50 多个论坛（电子公告栏）。

种族保护团体“南方贫困法律中心”（SPLC）公布的报告（2009 年）显示，2008 年共有 926 个种族歧视团体，与 2007 年相比增加了 4%，与 2000 年相比增加了 54%。这些团体有时和民兵武装组织联系密切，同时也在被称为“爱国者运动”（patriot movement）的反政府运动——抗议美国被联邦政府篡夺的运动——中担任重要角色。即便它作为一个组织并未触犯法律，但也不能保证不会出现像 1995 年引起俄克拉荷马联邦政府大楼爆炸的蒂莫西·马克贝之流单独作案的成员。

在这种充满危险的反乌托邦式社会中，门禁社区和巨型教会吸引了那些希望得到安全保障的人，不断取得发展。因果关系相互转化，美国一边在宪法序言中讴歌“更完美的联邦”，一边又在加深两者之间的断层。这是超越了共和党或民主党、保守派或自由派的“两个美国”，在更为根本的层面上形成的分裂。另外，新自由主义的逻辑和动力也助长了这一悖论。

五、恐惧的文化

监狱与产业复合体

谈到被门禁系统遮蔽的社区，监狱的收监人数不断增加这一事实也不容忽视。20 世纪 80 年代以后，全美收监人数急剧增加，现在已超过 230 万人，比美国的农业人口还多。也就是说，平均每 100 个成年人中就有 1 个人（是日本的 10 倍以上）在服刑。据社会学家安琪拉·戴维斯（加利福尼亚大学圣克鲁兹分校教授）所著《监狱商务》（上杉忍译，岩波书店，2008 年）统计，人口不足世界百分之五的美国人却拥有全世界四分之一的服刑人员。

服刑人员剧增的原因是多方面的。就政策原因而言，严刑峻法的影响不容忽视。比如，与国际基准相比，美国对毒品走私、销售、吸食的惩罚政策（特别是在里根政府时期正式实施了“消灭毒品的战役”）相当严苛，克林顿政府时期制定的一系列“三振出局法”（three-strikes law，意在严惩累犯，1994 年）就是一个典型。

种族隔离在这里也很显著。美国人口的七成是白人，而服刑人数的七成是非白人。而且，占人口不足 13% 的黑人却占到服刑人数的一半。黑人被收监的比例是白人的七倍以上，每三个人中就有一个人一生中至少进过一次监狱。在 20 岁至 30 岁的黑人中，每十人里就有一人被收监。事实上，被收监的黑人比上大学的黑人还要多。

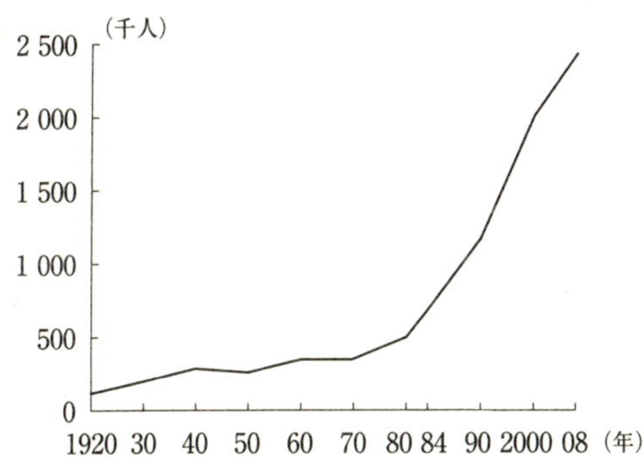

美国服刑人数的变迁（1920 年—2008 年）

资料： Justice Policy Institute; The Punishing Decade, & U.S. Bureau of Justice Statistics

出处： www.november.org

即便是在监狱内，服刑人员也与白人、西班牙裔、黑人、亚裔帮派藕断丝连，他们通过各自的暗号，在监狱内部拉帮结伙、与敌对势力抗争，这样的案例时有发生。我参观过有“美国死亡之都”之称的亨茨维尔，那里也是号称全美规模最大的得克萨斯州刑事司法局总部所在地。在监狱里，服刑人员的名牌上按种族分类挂着标签。我问工作人员这样做会不会助长种族歧视，对方则回答说“挂标签的目的就是防止种族歧视”。

对于面临产业空心化困局的地区来说，监狱是个颇具魅力的地方——不受季节、天气的影响，也不用担心环境污染，而且几乎不会被居民看见；基本上不受经济情况的影响，还能给地区带来稳定的就业和收入。20 世纪 90 年代以后，很多在经济上处于停滞状态的地区都通过捐赠土地、改善下水道、提供住宅补贴、（在民营监狱的情况下）提供优惠税制等措施，积极引进监狱。

今天，监狱里的服刑人员大部分是城市人口，而大部分监狱则位于农村（1980 年仅为整体的三分之一左右），平均每 100 名服刑人员需要雇用 30 名狱警。和大规模的养猪场、养鸡场、博彩中心相并列，监狱也是现代美国农村进行开发建设的主要手段之一。随着服刑人数增多，地区的常住人口也会相应增多，甚至会被分配更多的议员名额，来自美国联邦政府的补贴金也会增加（与之相反，城市贫困地区则进一步成为犯罪的温床）。由于与政治、经济利益有密切联系，监狱以自动生成的方式不

位于亨茨维尔的沃尔监狱（本书作者拍摄）

断发展壮大，于是便有人讽刺性地模仿“军产复合体”（军事与产业复合体）一词造出了“狱产复合体”这个词。

负面的公共文化

安全服务产业——包括监狱运营管理、警务、拘禁、改造——创造了大量的就业岗位，总从业人数超过了美国国内三大民营企业（沃尔玛、麦当劳、UPS）的就业人员总数。民营企业负责提供警务、住宅小区巡逻、逮捕商店小偷、维护安全通道和哨卡、监视电子监察仪器等服务，而警察则负责维护罪犯数据库、空中监视以及应对恐怖活动和街上暴动等治安工作。对安全工作无止境的追求和针对可疑人物进行彻底的排除——正是这种强烈的意愿支撑着官民合作。

严刑峻法得以施行的直接背景是尼克松总统提出的“恢复‘法和秩序’”这一社会保守主义意识形态。这一意识形态和经济保守主义（新自由主义）、国防保守主义（新保守主义）彼此融合，在里根执政时期成为“保守主义联盟”中的重要组成部分，这一点我在第一章中已经讲过。

社区居民精神纽带的加固，对政府信任感的下降，监视体系的社会化，诉讼的社会化，正义和司法的商品化，恐怖、担忧、危机、阴谋等煽动言论的传播，形形色色的暴力，想象“他人”

能力的匮乏等问题不断反复，形成恶性循环，更加剧了人们对于安全的渴望。这就是社会学家巴利·格拉斯那（南加利福尼亚大学教授）所说的“恐惧的文化”（culture of fear）。

试看总统选举和中期选举的电视广告，大多数人会宣扬竞选对手当选带来的危机和恐怖。这种做法已经超越了媒体战略的范畴，是在助长、滥用具有动摇政治乃至整个社会力量的“恐惧的文化”。奥巴马早在竞选期间就反复强调“要给予美国公民希望而不是恐惧”。但是，“恐惧的文化”已经成为一种负面的公共文化（public culture），远远超越了崇高、洁净的精神，在更高的层面上广泛、深入地支配着美国社会，并将形形色色的美国人都牵扯进来。

六、审计文化

新的社会弊病的产生

当代美国的另一种负面公共文化就是缺乏安全感的个人状态，也即不安全的状态，表现为压力和不安感的增加，等等。这种状态是由劳务市场的不稳定、全球化竞争加剧造成的。前文所述波士顿南部老城区的情况——十几岁少年的自杀和自杀未遂、毒品吸食过量事件相继发生——确实是极端的案例。但是，不安全感本身正在以更为悄然、缓慢的形式吞噬、遮蔽个人，这也是事实。

比如，美国大学健康协会（American College Health Association，简称 ACHA）的报告（2007 年）显示，约半数大学生在校期间曾“感到沮丧”（feeling depressed），其中 15% 达到了“临床抑郁症”（clinical depression）的标准。宾夕法尼亚大学的学生以公开倾诉内心烦恼为目的，于 2003 年成立了非营利组织“活跃的头脑”（Active Minds），总部设在华盛顿哥伦比亚特区，并在约三百所大学设立了分支机构，其规模还在不断扩大。

从这里，我们可以联想到小布什总统提出的“所有权社会”（ownership society）。

当然，这个概念首先是指包括减轻政府和企业负担、以个人责任和判断进行储蓄或理财、拥有住宅和养老金等在内的经济保守主义（新自由主义）的构想。但是，从根本上来讲，这也是在鼓励个人自立、自强和自治。

然而，进行这种个人责任和判断的可能性有多大？文化人类学者约瑟夫·杜米特（加利福尼亚大学戴维斯分校教授）对美国的制药行业进行了社会调查，并将其结论写在一篇名为“正常的不安全感，健康的不安全感”（Normal Insecurities, Healthy Insecurities）的论文（2010 年，无日译）中。他说：“药品、疾病、成本，还有不安全感不断增加的根本原因在于这样一种比较新的定义，即我们生来就有疾病，健康就是减少风险，自己身体感觉到的健康状态从本质上来说是不安全的。”

制药公司操纵实验结果以利于自身，让听话的医师在学会杂志上发表论文，给制定指导方针的委员提供方便，夸大临床试验数据，向宣传活动和患者的支援团体提供资金，在新药的广告和促销上投入大量资源——这种模式经常受到批评。

在这样的模式中，人们在精神和身体的所有部分都发现了“新病”：抑郁症、小儿躁郁症、男性脱发症、性功能障碍、ADHD（注意缺陷多动障碍）、轻度高胆固醇血症，等等。举例来说，翻阅一下美国心理学协会（APA）制定的《精神疾病诊断和统计手册》（*DSM*）就可以发现，第二版（1986年）里收录有182个精神疾病障碍种类，第四版（1994年）里又细分为297种，“病”的种类在增加。特别是在20世纪90年代以后，

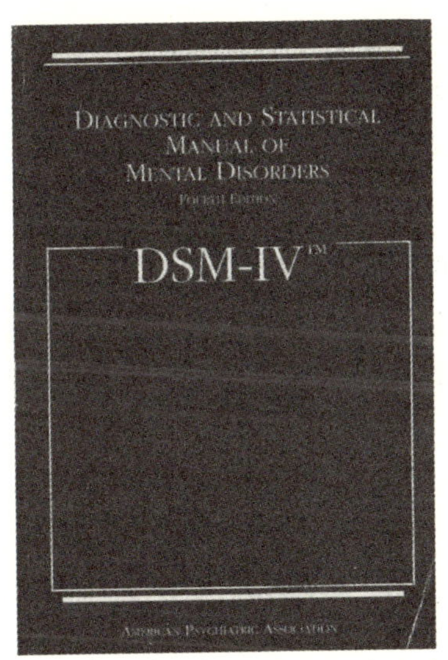

《精神疾病诊断和统计手册》

人们开始广泛使用“疾病前期”（pre-disease）这个概念指称此前未被认定为疾病的症状，疾病的种类快速增加。

结果，美国国家卫生统计中心（NCHS）的报告（2007 年）显示，在2005年至2006年间，有14.5%的学龄儿童(4岁至17岁)被父母发现在情绪和行为方面有问题，其中三分之一接受过处方药治疗，还有几乎与之同等数量的人接受过心理咨询等处方药以外的治疗。进而，美国国家精神卫生研究所（NIMH）的报告（2004 年）指出，有超过四分之一 18 岁以上的美国人患有精神疾病。

鉴于这种状况，“疾病是指脱离健康状态”这一传统定义显然已经不合时宜。毋宁说，疾病才是常态，在无止境（不能根治）的疾病面前，我们只能把精力倾注在如何控制症状和防止发病上。而且，我们通过积极接受这个“新定义”，助长了制药行业经营模式的再生产。论文作者（杜米特）在提出这一主张的基础上，指出这样的现象正是美国文化与制度的产物。顺带一提，《纽约时报杂志》(2010 年 1 月 8 日）报告说：“近年来，有关美国式精神疾病的诊断标准和治疗方法以传染病一般的速度在国外流传，特别是抑郁症、PTSD（创伤后应激障碍)、进食障碍等。”

杜米特的论文暗示了这样一个悖论，即在今天新自由主义的文化和制度框架下，即便是在自身的精神和身体等与个人关系最紧密的方面，也很难依靠个人责任和自主判断进行自治和占有。或者可以说是这样一个悖论：强调个人责任的新自由主义理念本身正受到新自由主义现实的摆布。

个人计算与控制的可能性有多大？

当今这个时代常被称为“审计文化的时代”。直接来说，审计是指对自身进行管理、检查和评估，对外部则进行解释说明和公开信息。这样就可以彻底否定并消除怠惰和浪费，严格把控效率和产能。审计往往以“客观数据”为媒介来进行，这也是当代的特征之一。其目的是忽略个人的实际存在和内在本质，说到底是把个人（乃至其所属群体）作为可以计算和控制的对象来理解。可以说，这是一种既支撑新自由主义，也被新自由主义所支撑的文化。

举例来说，就业、跳槽时广泛使用的职业适应性诊断测试就是一个典型的与审计文化高度相关的制度。这种测试本来是20世纪70年代后半期在英国研究开发的，在1984年撒切尔执政期间被首次引向全世界，据说可以“客观地”评估个人的特征和适应性。测试结果被不断地储存在企业的人事数据库里，另一方面，庞大的数据库也会对个人的自我分析产生重大影响。从上述美国精神疾病的状况中，也可以看到这一审计文化的一个侧面。

当然，不可否认，不论是《精神疾病诊断和统计手册》还是职业适应性诊断测试，都给人们带来了方便。毋宁说，人们积极评价并欢迎它们，而且正在大量使用。正如杜米特在论文中指出的，通过这一自发性主体实践，以个人为中心的更大的社会结构得到了再生产。置身于这种不断被强化、臃肿化的结构之中，自我判断、个人责任或者说对自己进行“占有”和“审计”的可能性有多大？

这些问题未必仅在美国存在。但是，可以说，对注重个人主义的美国来说，它们是更加根本性的问题。

七、孤独的个人主义

官僚式个人主义，所有制个人主义

值得注意的是，把这些个人主义的困境仅仅归罪于新自由主义是不正确的。现代化进程本就伴随着许多困境。南北战争后，美国社会的现代化进程加速。此前，美国社会中零星分布着为数众多的以农村为中心的共同体，后来，通过扩建运输、通信网络等基础设施，制定法律制度，建立官僚机构等途径，政治、经济、文化上的统一进程加快，形成了民族国家、国民经济和民族文化。

另一方面，由于市场不断扩大、社会分工不断细化、组织机构日渐臃肿、社会流动性加大、人口动态变化加剧、竞争日益激烈等原因，基于相同的居住区域、职业、教育、经济、组织、民族、宗教、文化价值观等因素而存在的共同体发生了变化，社会关系和社会全貌变得更加抽象，难以用肉眼确认。

同时，这也是一个历史被持续稀释的过程。思想家弗雷德里克·杰姆逊（杜克大学教授）在其以“关于心理习惯”（On Habits of the Heart）为题的论文（1987年，无日译）中指出：“为了更明确地掌握我们所生活的现在的独特性，我们需要感觉到过去的差异，而这种感觉正在衰退。”也就是说，个人不仅在空间上被置于毫无章法的脉络之中，在时间上也同样如此。

在社会、道德联系缺失的情况下，正如哲学家阿拉斯戴尔·麦金泰尔（诺特丹大学教授）在“官僚个人主义”（bureaucratic individualism）这一概念中阐明的那样，在自己的处境和权利方面，人们变得极端敏感，而为了保护自身权益，他们便不得不加深对法律和政治手续的依赖。道德被委托给官僚手续，这样一来，虽然正义是履行手续的实际上的目的，却被视为等同于应该履行的手续。

哲学家尤尔根·哈贝马斯将这一状态揶揄为“个人领域的殖民地化”。比如，有财力雇用最高级律师的人在社会生活中会更有利——这一严酷现实会使道德和正义的权威有名无实，并侵蚀个人生活实际存在的基础。在美国，小孩状告自己父母的事情并不少见。20 世纪 80 年代以后，在结婚前签订婚前财产协定（prenuptial agreement），详细规定财产分配、相互义务、责任所在的案例不断增加。这正是公共领域的逻辑和动力支配个人领域的明证，与此同时，这也是一个和美国的诉讼社会化密切相关的现象。

另一方面，通过占有自己的身体和能力来获得身份认同的倾向，亦即政治学家 C. B. 麦克弗森所主张的"占有性个人主义"（possessive individualism）的倾向越来越显著。在最世俗的层面上，这一倾向则通过重视消费与恋爱这一意识形态表现出来。但是，这种身份认同本身是虚幻的、脆弱的。以附加价值为基础的消费社会刺激了瞬间的、炫耀式的消费，无止境地驱使着个人欲望。支撑浪漫史和性欲的感觉也是可变的、不稳定的，人们想要科学地掌握并管理这种感觉，于是促进了作为一门学科的心理学和精神医学的发展，与此同时也孕育了产生审计文化的土壤。

自由社会中的不自由

在美国的社会学研究领域，个人主义的困境也一直是一个重大课题。戴维特·利斯曼的《孤独的群众》（1950 年）、威廉姆·

怀特的《组织里的人》(1956年)、飞利浦·斯雷特的《孤独的追求》(1970年)——这些以规模化生产和大量消费为经营理念的福特主义时代的代表作品，对由大型官僚式企业支配经济生活、美国社会逐渐变得顺从且整齐划一等现象敲响了警钟。在物质丰富的舒适生活背后，共同体正在变得有名无实，人们逐渐变得孤立——对这一社会现实产生的危机感正是上述作品的共性。

进入20世纪80年代，社会上对福特主义的批判逐渐减弱，同时又开始表示出对过度的新自由主义的担忧。罗伯特·波拉等人在《心理习惯》(1985年)一书中指出："美国人，特别是美国的中产阶级，由于过分重视自我陶醉式的'自我实现'，轻视且疏远了对家庭和社区的义务，并且把各种社会关系都看作(功利主义式的)契约。"在此基础上，他又警告说："由于微妙的人际关系崩溃，(社会、道德伦理)受到重创，人们被抛弃在令人生畏的孤独状态中。"

罗伯特·伍斯诺(普林斯顿大学教授)在《意义和道德秩序》(*Meaning and Moral Order*，1987年，无日译)一书中对后现代美国社会的个人主义现状表示了忧虑。他说："与其说个人主义是一种注重严格的道德义务的伦理体系，毋宁说它是一种相对状态。它的重点在于内心的追求，公共或者集体价值则被功利主义的考虑所左右。"

上述观点看似不同，其实背后都潜藏着同样的危机感——对与“进步的、有计划的、社会性的个人”这种现代理想背道而驰的、个人尊严被腐蚀且被蔑视的现状以及被疏远的、片段化的、原子化的个人主义。

托克维尔指出：“孤独的个人不得不依附于社会多数派，自然而然就服从于政府权力。也就是说，与其说他们是公民，不如说沦为了臣民。这是一种很危险的社会倾向。”在此基础上，他又说：“为了防止多数派的专制，要确立（由公民直接参与的）地方自治制度，实行陪审制度（让公民学习、掌握法与权利的问题），并（由公民团结合作）自发结社。这三者可被称为民主主义的三所学校，在美国社会起着重要作用。”

在弗吉尼亚理工大学枪击事件中共有 33 人丧生（2007 年 4 月 16 日，nytimes.com）

不少人认为科罗拉多州里特鲁顿发生的哥伦拜恩高中枪击事件（1999 年，15 人丧生）和弗吉尼亚州黑堡发生的弗吉尼亚理工大学枪击事件（2007 年）等悲剧的社会原因不仅仅是枪支使用的问题，还有生活在不确定、闭塞与抽象性不断加深的社会中的年轻人爆发出的“自我表现欲”。这大概可以说是生活在自由社会的不自由吧。

本来，“自力更生”“自助”等个人主义价值观本身是珍贵的。但是，现在的实际情况毋宁说是个人被迫将“自己”作为道德判断和社会实践的参照物。结果，人们便只有各自从第一人称视角来评价和判断社会上的各种关系。

从某种意义上来说，这意味着美国社会中的每个行动者在一生中都拥有（或者能够拥有）更多的自由和选择。但是，生活在高度现代化的社会，或者说，生活在文化人类学者克洛德·列维－斯特劳斯所称的“热社会”（hot society）——一种鼓励社会上和文化上的移动性、流动性和变化的社会——中的每一个个体都背负着自己和社会之间无间隙、无止境的紧张关系和不确定性。人生正是所谓的“高风险、高回报”，光辉闪耀的“美国梦”的阴影里，横亘着无数被残忍打碎的梦想。

第四章　多样性的未来

雪夜林边驻马

我想我认识这树林的主人，
不过他的住房在村庄里面。
他不会看到我正停于此处，
观赏他的树林被积雪淤满。
我的小马定以为荒唐古怪，
停下来没有靠近农舍一间，
于树林和冰洁的湖滨当中，
在这一年中最阴暗的夜晚。
它摇晃了一下颈上的铃儿，
探询是否有什么差错出现。
那唯一飘掠过的别样声响，
是微风吹拂着柔软的雪片。
树林可爱，虽深暗而黑远，
但我已决意信守我的诺言，
在我睡前还有许多路要赶，
在我睡前还有许多路要赶。

——罗伯特·弗罗斯特

川本皓嗣 译

（《美国名诗选》wide 版，岩波文库，1993 年）

一、多样性的源泉

从服从到交涉

这里需要补充说明的是，在高度发达的现代化社会中，个人绝非像社会学家安东尼·吉登斯（伦敦经济学院名誉教授）所说的那样，是被束缚在社会断片化过程中的、被动的、无力的行为者；也不像历史学家克里斯托弗·拉什所说的，是只能拥有渺小自我的“自我陶醉者”。毋宁说，很多人并未从外部社会中退却，他们利用身边各种各样的文化资源，主动进入社会，并由此构筑起新型的社会关系。

20世纪90年代中期，我在对波士顿南部老城区进行社会调查的同时，以全美屈指可数的、最古老的名门望族之一为对象，进行了长达三年的社会调查。这个家族过去被称为“波士顿婆罗门”（Boston Brahmin），又被称作“WASP 中的 WASP”。比如在 2004 年的总统选举中，民主党总统候选人、现在（2010 年）担任参议院外交委员会主席的约翰·霍布斯·克里参议员（马萨诸塞州），其祖母来自温斯罗普家族，母亲来自霍布斯家族，他本人则是具有“波士顿婆罗门”血统的人物（不过，克里家族信仰天主教）。

第二次世界大战后，在能力主义、竞争机制广泛渗透到美国全社会的情况下，对“波士顿婆罗门”来说，要想沿袭“传统贵族”（old money，靠祖先遗产生活的名门之后）的优势——在哪里读书、住在什么地方、从属于何种组织、从事什么工作等——已经越来越困难了。为了向着更公正的社会发展，政治上的压力迫使以“WASP”为中心的排他性会员制名门社交俱乐部把门一扇扇地打开，而这些俱乐部与“波士顿婆罗门”有很深的渊源。随着经济逐渐没落，他们不得不卖掉祖传的庄园，这使得他们越来越难以同散落在全美各地的家族成员交流。与此同时，埋藏在那些场所中的、属于大家族的记忆和心理印象也逐渐淡化。多亏了家族信托（family trust），他们好不容易保住了家族资产。然而，就连咖啡桌、小台灯之类蕴含着家族记忆的物品也不能由他们自由处置，因为外部专家（鉴定专家和律师）要对这些物品进行估价并做法律性区分。

接受变幻莫测的现实，开拓自己的人生——不少人对此感到不知所措。据说一位信息提供者的兄弟年纪轻轻就选择了结束生命，还在遗嘱中说他中了这个自己出生长大的社会在习俗和价值观方面的“圈套”（trapped）。《大西洋月刊》曾经将这种身份认同的混乱和缺失命名为“波士顿病”。

但是，我们不能忘记，一方面有人为传统关系和身份认同发生断层而忧虑；另一方面，也有不少人对变化中的现实表示肯定，认为它扩展了个人进行自主判断的余地和选择的空间。

也有一些信息提供者反感其父母、祖父母珍视的权威性、排他性精英文化，宁愿不受传统习惯束缚，选择新的人生道路。他们不屑于依靠家族名望生活，不加入名门社交俱乐部，也不在社交界露脸；在婚姻方面，他们不注重门当户对；自己参与育

典型的“波士顿婆罗门”的雄伟别墅（本书作者拍摄）

儿，而不是把孩子丢给乳母；不采取父系家长制度，也不让孩子去（祖祖辈辈都去的）家族学校上学。还有人选择离开波士顿，和“波士顿的名门望族”断绝关系，与其他普通家族的人结婚，并只和价值观相同的人交往。他们主动和“波士顿病”的圈套做斗争，是具有主观能动性的主体。

与此同时，他们的生活方式意味着某种传统的、支配性的秩序不仅未被维持和再生产，反而被其后继者亲手拒绝、破坏了。社会学家皮埃尔·布迪厄在其论述法国社会阶层的名作《区分》（1989 年）中提出了下述社会再生产模式：个人为了维持和发展自己所属阶级的独特性和优越性，不断为形成其基础的“象征性资本”（学历、资格等文化资源）进行投资。然而，“波士顿婆罗门”这个案例所显示的却是其反命题，即个人脱离其所处的环境和状况，以充沛的活力重新构筑多姿多彩的关系和身份。

顺带一提，通过这一主观能动的实践，个人化、多样化进一步发展，在“家庭”的关系和身份方面亦是如此。文化人类学者玛丽安·格列斯塔德在其论文“从服从到交涉”（From Obedience to Negotiation，1996 年，无日译）中分析了高度发展的现代化社会中的家庭关系，她写道：

> 与其说个人是家庭的资源，不如说家庭正在变为个人的发展资源。为了实现自己的理想，孩子们必须不以父母的信念和嗜好为根据，而是以自己的信念和嗜好为基础，

使自己的价值观正当化。希望今天的父母，比起传授给孩子特定的思维方式和价值观，更重视传授给他们发现自己、让自己成长的能力。（本书作者译自英文原著）

历史学家斯蒂芬妮·孔慈（华盛顿州立大学教授）在《家庭的神话》（冈村瞳、芹泽俊介译，筑摩书房，1998 年）一书中对今天个人化、多样化的美国家庭状况论述道：

对大多数儿童来说，以男性为经济来源的家庭已经不再是中心。但是，能够取代这一方式的新型家庭形态又尚未出现。今天，很多美国人在一生中经历过各种各样的家庭形态，比如父母离异的家庭、未婚男女育儿的家庭、双职工家庭、同性恋家庭、夫妻二人都不工作的家庭、再婚家庭、孩子与父母分居的家庭，等等。

未来也是多民族国家

除了伴随着社会高度现代化出现的个人化和多样化之外，支撑美国社会多样性的背景也是多方面的。

比如说，美国宪法第一条至第十条修正案，也即《权利法案》规定保障公民的基本人权；自建国以来，人们便对中央集权持极端怀疑的态度，存在着注重自治的政治传统。

另外，从17世纪殖民主义时期开始，基督教式的个人主义——人因“与神的契约”而生，比起俗世关系优先考虑“自我”和神的关系——就一直是社会上的主流价值观和精神。

上述政治风气和精神风气鼓励、允许个人根据自己的信念和良心自由表达想法并付诸行动。这样便促进了社会多样性的发展。

过去，列维－斯特劳斯曾经在看到美国广袤的地形和地平线时感慨地说“心情都不一样了”。美国拥有25倍于日本的广阔国土、富于变化的地质条件和气候。我们不可忽视，在这样的地方，自然风土孕育了人们多种多样的特性、气质和生活方式。

当然，也应强调，美国是世界上屈指可数的——在世界史上也是少有的——大规模多民族国家。比如说，20世纪被称作“美国的世纪”，从1901年——掀开20世纪帷幕的那一年——开始后的10年间，有814万移民来到美国。1900年，美国的总人口为7 600万人，每年的移民数量相当于总人口的1%（拿现在的日本打比方，相当于每年吸纳130万移民）。

位于华盛顿的移民政策研究所的一项调查显示，2001年“9·11”恐怖袭击之后，政府加强了管理，入境审查越来越严格。尽管如此，来到美国的移民数量也只是在一定水准上变化，每年仍然要接纳超过100万的合法移民。此外，每年还有50万非法移民流入，据联邦政府统计（2009年），该群体总数已达1 080万人。

美国商务部人口普查局的报告（2010年）显示，现在，有20%的美国公民在家中使用英语以外的语言，这个数字在过去的30年间增加了一倍。而在整个美国，人们使用的语言多达381种（美国宪法没有规定任何语言为官方语言，在50个州里，将英语规定为官方语言的只有30个州）。

如上所述，托克维尔注意到在美国的民主主义中自发结社的重要性，但坚守自己的信条和生活方式的社区、机构、团体存在于政治、经济、社会、文化等各个领域的各个层次。当然，对立和矛盾也不少，然而，美国社会的多样性无法被一种思维或生活方式囊括，也就是说，拒绝一言堂、总是存在相反的声音，这一点就是美国社会的根本特征，也是美国社会强大、坚韧的源泉。

二、保守势力的反弹

"焦虑四人组"

针对个人化和多样化的反弹现象也经常出现。仍以上述"波士顿婆罗门"为例，有人向与其渊源很深的某名门社交俱乐部施加政治压力，要求他们允许黑人喜剧演员的妻子入会，却遭到了女性会员的强烈反对。还有一名男子因为和当地渔夫的女儿结婚而被剥夺了继承遗产的资格。

一位信息提供者因为娶了出身蓝领阶层的女子为妻，多次收到名门社交俱乐部内一个自称“焦虑四人组”的匿名团伙发来的骚扰信，信中写道：

> 我们不会忘记你们，是的，会一直惦记着你们。自从听说你要卖掉布兰特尔街（高档住宅区）的房子，搬去（中产阶级很多的）牛顿以来……与其这样，不如开着你的劳斯莱斯，沿着 9 号州际公路，朝着蓝领阶层聚居的地方往西开。这样的话，你就能和你的蓝领家人、你的伙伴们一起，平等地过着符合你们身份的生活。好好考虑一下吧。
>
> 实际上，我们都知道你们过着双重标准的生活。但是，大概是因为你以扭曲的眼光看待现实，所以你坚信不用向我们做出任何解释，简直像预言家一样……多么可笑！
>
> 因为有你这样的会员，我们的社会名声和尊严都受到了严重的损害。

“大豆和鳕鱼的故乡，波士顿，在那里，罗威尔家族只和卡波特家族讲话，卡波特家族只和上帝讲话”——这段话出自 1905 年哈佛大学毕业生在同窗会上吟诵的句子。很多信息提供

波士顿市内的名门社交俱乐部“萨默赛特俱乐部”（Somerset Club），创立于1852年，1988年开始允许女性入会（本书作者拍摄）

者都曾引用这段话来比喻“波士顿婆罗门”曾经的荣华富贵。可见，要想使“伟大的过去”成为过去并非易事。

家庭价值观

谈到保守势力针对个人化和多样化美国家庭的反弹，人们马上就能想起一个口号——“家庭价值观”。这是在20世纪80年代，出于政治上对社会保守势力的顾虑而被提出的一个口号。

比如，1992年春，洛杉矶发生了因种族问题而起的暴动。

之后不久，共和党的丹·奎尔副总统在演讲中指出，暴动的社会背景是“家庭价值观”的崩溃，并将一部正在热播的、描写广播员成为未婚母亲的电视剧《墨菲·布朗》当作批判的靶子，旗帜鲜明地表明了与好莱坞对抗的态度。进而，他又批判《芝麻街》（幼儿教育电视节目）中出现父母离异的女性人物是“有自由主义的倾向”，并向有关方面施加压力，要求削减该节目制作公司——美国公共电视网（PBS）的预算并停播该节目。

出于这种对社会保守势力的顾虑，甚至在后来的1996年总统选举中，民主党的克林顿政权也以“家庭价值观”为选举口号。

这里所说的“家庭价值观”，是以在20世纪50年代迎来高潮的“核心家庭”性别秩序为前提的。但是，因为各种原因——向社会资本投资、削减公共服务、实际工资下降导致工作时间增加、重组和裁员等降低工资成本的行为、就业不稳定、两性观和婚姻观的变化、平均寿命延长、老龄化等，在发生了巨大变化的社会环境下，家庭价值观很难得到体现。

尽管女性在劳动力中所占比重有所增加，但即便在今天，家务和育儿依然被认为是女性的工作。离婚女性的贫困倾向更明显。虽然与德国和日本相比，可以说美国的两性关系较为平等，但是在发达国家中来看，两者的工资差距还是很大的。关于这一点，孔慈在上述著作中指出：“很多痛苦并非起因于女性赢得平等，而在于她们不能根绝不平等。”在此基础上，她又论述道：“美国的工作、教育和医疗依然是以20世纪50年代的神话为基础组织实施的。所谓神话的内容就是：每个家庭都有母亲；她们白天开车送小孩看医生和牙医，放学早的日子到学校接小孩回家；如果孩子得了流感，由她们在家照顾。”（本书作者译自英文原著）

新自由主义和“家庭价值观”并存的情况乍一看似乎很奇怪，实际上，二者都在很大程度上共享了保守主义（细分为经济保守主义和社会保守主义）的最大公约数，也即“自治”这一意识形态。另外，在各种共同体的纽带都被新自由主义剪断的情况下，不难想象，作为一种反弹，社会上将会出现怀旧情绪（nostalgia）。再有，正如孔慈指出的那样，这种怀旧情绪所投射出来的“家庭价值观”，在很多情况下是一种“被创造出来的传统”，是产生于 20 世纪 50 年代这一特殊时代、在白人中产阶级之间占统治地位的核心家庭被美化后的形象。

被删除的托马斯·杰斐逊

关于这些社会保守势力的反弹和反抗，需要注意以下两点：一方面，吸收了 20 世纪 60 年代民权运动和反主流文化运动的自由主义让这些反弹和反抗更直接地面对多元文化主义的美国；另一方面，正如我在本书第二章中讲的，在 20 世纪 90 年代，它们也使得“文化战争”更为激进。这些我已在本书第二章中讲过。

比如，自由主义派认为应该禁止在公立学校祈祷或讲解《圣经》，并且认为这样做符合美利坚合众国宪法第一条修正案中的“禁止国教”。但是，基督教保守派却反驳说，从教育中排除宗教内容相当于书报审核，是违反出版言论自由的。

同样，“解放神学”等自由派人士批判说，迄今为止的基督教释义过于偏向 WASP 和男性，并引用《圣经》中的文字“并不分……或男或女，因为你们在基督耶稣里，都成为一了”（《加拉太书》第三章），主张应向女性开放牧师职业之门。但是，保守派也同样引用《圣经》反驳道：“所有的男人的头领是基督，女人的头领是男人，基督的头领是上帝。”（《哥林多书》第一章、第十二章）

2010 年，在基督教保守派占优势的得克萨斯州，教育委员会（共和党 10 人、民主党 5 人）通过投票表决，决定大幅度修改历史课程的标准。新标准从“影响了美国独立战争的思想不仅仅是启蒙主义”这个观点出发，主张从“影响了美国独立战争的人物”名单上删掉开国元勋托马斯·杰斐逊，加上托马斯·阿奎纳和约翰·加尔文。

杰斐逊从启蒙思想（理性）的观点出发，拒绝将基督教视为绝对，并以支持严格的政教分离政策而著称。他起草的《弗吉尼亚宗教自由法令》（1786 年）甚至规定：“包括犹太人和非犹太人、基督教徒和伊斯兰教徒、印度教徒和被冠以各种名称的无神论者，皆在其保护之下。”一般认为，他创立的弗吉尼亚大学未设神学系，且最初的计划是校园里也不设教堂，这都是基于他的上述政治立场。

新宗教左派

据说基督教保守派的多数派——即新教保守派，也即所谓的福音派（现代叫法）——现在占美国总人口的25%至30%。这个教派的特征是：通过宗教体验获得“重生”（born again）；虔诚相信《圣经》中的话就是“上帝说的话”；积极参与传播福音活动。这与比起救济个人更注重社会正义、从历史角度批判性地阐释《圣经》、对其他宗教也持肯定态度的主流派（稳健派、自由派）形成了鲜明的对照。

但是，近年来，上述福音派中又产生了革新派，他们不仅关心人工流产、同性婚姻等常见问题，还对贫困、艾滋病、气候变化和核不扩散等主题表示关注。一般认为，他们与所谓的“新宗教左派”关系密切，虽然其中多数人不认可人工流产或同性婚姻，但是他们反对死刑，支持限制枪支，反对战争和使用核武器，也对其他宗教表示肯定。正是出于这个原因，他们之中有不少人从属于主流派教会而不是保守派教会。

我曾于2004年拜访过在纽约州波基普西市近郊生活的新教一派——布尔达霍夫派，他们虽然信奉原始的基督教精神，不设

布尔达霍夫派公用大厅所在建筑（本书作者拍摄）

教堂、过着集体生活，但对于很多问题的立场和新宗教左派一致。

他们通常不参与政治，却通过互联网等各种渠道对小布什政府的右倾政策和滥用宗教政治表示忧虑。据说在 2004 年总统选举时，有很多人在公用大厅的电视机前观看候选人辩论会和唱票过程，也有很多人自出生以来首次投票。他们的主流观点是，虽然民主党在认同人工流产和同性婚姻方面是错误的，但也比小布什政府继续执政要好得多。

在拜访该教派时，我听到很多不满和担忧的声音，比如“小布什根本不想理解‘9·11’恐怖袭击为什么会发生，他只是巧妙地利用了全世界对美国的同情”“伊拉克战争的目的是争夺石油，只是为了师出有名才打出自由和民主主义的旗号”“下一步是对伊朗施压，一旦其回以军事挑衅，美国就会进攻伊朗”。对与小布什政府关系密切的基督教保守派，他们尖刻地讽刺道：“他们虽然使用基督教的语汇，却并不付诸实践。既然‘爱你的敌人’是《圣经》中的教义，支持入侵伊拉克本是不可能的事。”

布尔达霍夫派的绝对和平主义和宽容精神也表现在他们一直以来对难民的支援和反战、反种族歧视等活动中。近年来，他们也在废除死刑，重建城市贫民区，向中南美、中东、印度等地提供人道主义援助等活动中倾注了精力。另外,在美国国内，他们也参与慰问服刑人员、消除公立学校的暴力现象、改善残疾儿童的教育环境等活动。在共同体内的学校，布尔达霍夫派写信鼓励死刑犯，还和古巴的孩子通信。实际上，访问古巴的活动也很频繁，其目的是救济那些因美国政府实施经济制裁而容易受到伤害的古巴社会弱势群体。

本着“连接世界的纽带”的思想，学校教室里贴着世界各地宗教象征的照片。他们认为在重视信仰这一点上所有宗教都是一致的，应该尊重宗教的多样性。

奥巴马的困境

因为共和党和宗教保守派维持着常年的蜜月状态，民主党对挖掘宗教支持者的投票一事持消极态度。但是，在 2004 年的民主党大会上，时任参议员的奥巴马却播放了宗教赞美歌《奇异恩典》(*Amazing Grace*)并发表了主题演讲。他说："即便在蓝色州(民主党占优势的州)，我们也尊敬伟大的上帝(Awesome God)。""Awesome God"是福音派喜欢用的表述方式，也是 20 世纪 80 年代流行的一首赞美歌的名字。正如本书第一章提到的，奥巴马还让基督教保守派的沃伦牧师负责总统就职仪式上的祈祷。

除此之外，奥巴马还签署了一份总统令，决定在白宫设置由宗教领袖组成的"以信仰为基础的倡议"，负责刺激社区经济，解决贫困和教育问题。由于小布什政府也实行了同样的政策，自由派对此失望至极且表示强烈反对。只不过，奥巴马在设立该机构时强调不拘泥于特定宗教，比起小布什执政时期，补贴对象有所扩大。

福音派中的革新派大体上对奥巴马的这一态度表示欢迎。但是，如果奥巴马要获得他们的支持，就不能采取积极支持人工流产和同性婚姻的措施。而如果在人工流产和同性婚姻问题上采取消极态度，奥巴马又会令自由派失望并遭到这一派的反对。也就是说，他面临着进退两难的困境。

对奥巴马来说，更为棘手的问题是如何处理与无神论者的关系。一般来讲，在美国，政教分离是指不规定国教，保障所有人的信仰自由。像法国那样，从公共领域完全排除宗教因素的做法尚未在美国达成共识。纸币和硬币上“In God We Trust”（我们信仰上帝）字样中的“God”并非特指某一宗教的神，而是指能够赋予社会某种超越性标准的“神圣的存在”，有时也被称为“公民宗教”。

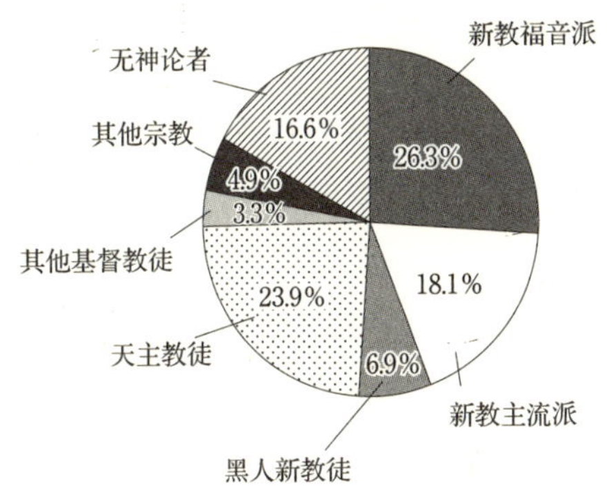

美国人的宗教意识（2008 年）

资料：Pew US Religious Landscape Survey (2008)

但是，不少无神论者并不认可宗教本身的存在，要求实行更严格的政教分离。据 2008 年的美国宗教身份调查（ARIS）统计，无神论者在总人口中所占比例从 1990 年的 8% 增加到了 15%。

另外，据明尼苏达大学 2003 年度的全美调查统计，美国人最不相信的不是某种宗教的信徒、某个种族或民族的人，而是无神论者。奥巴马在总统就职演说中这样说道：

> 我们拼图一般的遗产是美国的强项而不是弱点。我们美国是由基督教徒、穆斯林、犹太教徒、印度教徒和不信神的人构成的国家。我们由各种各样的语言和文化形成，来自地球上的所有地方。

可以看出，奥巴马顾及了无神论者的感情。然而，十个无神论团体却将奥巴马告上法庭，要求取消总统就职仪式中的宗教仪式。

宗教学者戴安娜·埃克（哈佛大学教授）在《宗教分裂的美国》（池田智译，明石书店，2005 年）一书中对美国宗教的未来论述道：

> 对我们大多数人来说，最重要的课题是将美国看作一个多元宗教共存的国家，在此基础上构筑未来的蓝图。我们一想到美国，心中就会浮现出俄亥俄州托莱多市的清真寺和田纳西州纳什维尔市的印度教寺庙。这意味着我们合众国人民的形象中包括全军的伊斯兰教徒、费尔法克斯县的印度教徒、克利夫兰的锡克教信徒和罗斯林德尔的佛教徒。对于新移民来说，这意味着美国的自身精神形象之中包含了自己。

这是对希望的大胆表白，而这种希望也与杰斐逊和奥巴马所提出的理念密切相关。在个人化和多样化程度不断加深的美国社会，在保守派的反弹和自由派的反对此起彼伏的情况下，有多大可能秉持着“超越二元对立”和“尊重多元价值”的理念，实现“兼收并蓄”式的自我认知？

三、左右原旨主义及其陷阱

两极化的保守思想

大致来讲，“兼收并蓄”式自我认知的另一个极端就是原旨主义。

所谓原旨主义，其实不过是一种排他性的教条主义——将特定的价值观视为绝对和完美，将“原理原则”纯粹化并演绎为判断事物的标准。对于人类存在本质的有限性、偶然性和不完整性，原旨主义几乎没有给人留下自我反省的余地。

《纽约时报》的书评专栏主编萨姆·田纳豪斯在《保守主义之死》（*The Death of Conservatism*，2009 年，无日译）一书中指出，自从罗斯福新政时期以来，美国的保守主义（共和党）

分成了原旨主义强硬派和现实主义稳健派，互相抗争。然而近年来，强硬派逐渐占据了绝对优势，这种状况令人感到忧虑。

强硬派和被称为“爱国者运动”的反政府运动有很深的关系，我在本书第三章中对该运动进行过介绍。在 2010 年中期选举中广受瞩目的“茶党运动”（Tea Party Movement）基本上也是以在经济上持保守立场的强硬派为中心掀起的，且该运动与 1976 年的“抗税运动”关系密切。“茶党”这一名称源于波士顿倾茶事件（1773 年，波士顿居民以武力抗争的形式对英国的《茶叶税法》进行了抵制）。同时，它也是一个双关语——“税收得够多了”（Taxed Enough Already）的首字母缩写。

“茶党运动”并没有明确的领导核心，与其说是一个金字塔型（上情下达型）的组织，不如说是一个网络型（自律、分散、协调型）的松散团体。不过，其成员一致坚决反对美国联邦政府增加财政支出，因为这有可能导致增税。

正因如此，他们不仅对民主党候选人，甚至对共和党稳健派候选人也公开表示不满。2010 年春天，在自由派根据地马萨诸塞州的参议员补选选举中，一名没有什么名望的保守派候选人——斯科特·布朗因为得到“茶党”的支持而获胜。另外，同一年，佛罗里达州现任州长查理·克里斯特为了转任联邦国会参议员而不得不从共和党退党，并以无党派人士的身份参加竞选。究其原因，“茶党”认为查理·克里斯特“不够保守”，造成了相当大的影响。

在波士顿“茶党”集会上演讲的前共和党副总统候选人萨拉·佩林（2010 年 4 月 14 日，http://www.americanthinker.com）

甚至连共和党的重要议员麦凯恩也因“对非法移民过分宽容”而受到“茶党”的攻讦，情急之下不得不向在“茶党”中颇有人缘的前共和党副总统候选人萨拉·佩林请求支援。顺带一提，麦凯恩的出生地亚利桑那州于 2010 年 4 月通过了一项全美最严苛的移民法，以加强对非法移民的检举。只要有正当理由怀疑移民非法逗留，警察就有权要求确认其身份。一般认为，该法案得以通过是因为“茶党”在其背后施加了影响。（不过，联邦地方法院公布了终止该法案大部分条款实施的临时判决书，截至 2010 年 9 月，该州还在上诉。）

对共和党来说，若过分靠近这样的强硬派，一方面很可能会招致党内稳健派和无党派人士的疏远和反对；另一方面，如果强硬派拥立自己的候选人，保守派的选票就会被抢走，所以也不能置之不理。在 2008 年总统选举时，稳健派的麦凯恩提名强硬派的佩林作副总统候选人，试图实现党内团结。但是，即便超越“反奥巴马”“反民主党”之类狭隘的党派斗争，共和党又该如何构建、分享作为保守政党的认同感呢？这仍然是一个重大课题。

元种族主义的讽刺

不能忘记的是，原旨主义本身并非仅存在于保守派内部的现象。比如，即便自由派的多文化主义基于反歧视的立场要求“承认差异”“给予差异权利”，但如果这种理念也被原旨主义化，就有可能过度强调旨在获得社会代表权和表象权的少数派政治——即所谓的身份政治，沦为单纯的资源竞争。

其中一个有名的例子就是“非洲中心主义史观”：认为非洲式思考优越于欧美式思考，强调非洲文化是人类文明的源泉。这并非新观点，因为有很多黑人以为自己先天比白人低劣，所以在 20 世纪 90 年代以后，为了培育黑人的自豪和自尊，上述观点便被纳入了一部分学校的教育课程。

但是，批判的声音认为，“非洲中心主义史观”或许能从精

刊登在俄亥俄州克利夫兰《马库斯·加维学术杂志》上的月度告示牌。该校是一所以非洲中心主义史观进行教育的特许学校（该校主页）

神上解放黑人，但同时也有可能压制其他少数种族的历史，就这一点而言，它不过是改换了（种族）歧视的对象。也就是说，这种思想有可能成为“以种族主义对抗种族主义”，即“元种族主义”的温床。假如多元文化主义反而助长了分离主义的倾向，导致排他性单一文化主义乃至文化上的全体主义扩散，就未免太讽刺了。

从20世纪70年代开始，夏洛特、波士顿、丹佛及其他城市为了让公立学校的黑人和白人学生比例符合学区内水准而实施了“强制乘校车上下学”的措施，有意识地将学生分为黑人和白人两类。但是，结果，因其与废除种族隔离、实现多元文化共存的高尚理想背道而驰，很多父母选择让孩子转学到私立学校，也有很多白人搬到黑人较少的郊外，这样一来，在大多数案例中，白人和黑人的对立反而加剧了。

我在20世纪90年代中期做过调查的波士顿南部老城区也是一个爱尔兰裔移民工薪阶层家庭聚居的地区。在那里，一名白人女性信息提供者直言不讳地表示："因为强行让孩子坐校车上学，我现在对黑人也没有好印象，甚至不想和他们握手。"

© BETTMANN/CORBIS

20世纪70年代，波士顿南部，在众多警力戒备下实施"强制乘校车上学"措施的情景（1974年9月16日，EYES ON THE PRIZE的网页）

尽管自由派的重要议员——爱德华·肯尼迪联邦参议员也是爱尔兰裔美国人，但因为在20世纪70年代支持强制学生乘校车上下学，直到于2009年去世为止，他在当地一直不受人欢迎。

思想家让·鲍德里亚在其遗著《罪恶的理性》（冢原史、久保昭博译，NTT，2008年）一书中不无挑衅地说："世界并不为我们所思考，相反，是世界在思考我们”，借此警告人们不要过于相信启蒙主义、合理主义、进步主义式的“善良的理性”。

假如有一天，美国社会出现了分裂，那大概不是多样性使然，而是不论保守派还是自由派都在没有任何反省和妥协的情况下被迫接受了原旨主义的意识形态。

四、多样性和市场主义

与佃户化倾向抗争

市场主义是另一种扭曲多样性的动力。我于 2005 年到访蒙大拿州大廷伯市，那里有经营农牧业的一家人，他们从早到晚生活得十分忙碌。为了饲养四百头牛和二百只羊，他们要收割干草、维修栅栏、给客户打电话、照顾看门狗的饮食，工作多得做不完。尽管如此，银行贷款却并未减少。这家的男主人感叹说：“如今农牧业的经营环境变化很大，从作物到商品——比方说在牛变成牛排的过程中，至少有三家超大型企业参与。我们受他们剥削，能拿到的利润越来越薄。这十年间，虽然牛肉的零售价格上涨了

在蒙大拿州的广袤土地上经营农牧业的一家人（本书作者拍摄）

50% 还多，但这部分利润我们牧场是拿不到的。”

据《国家》（*The Nation*）杂志（2000 年 11 月 20 日）统计，全美 80% 以上的肉类食品流通环节——从饲养、宰杀、处理到加工——由四家大型肉食品公司独占。结果，牧场成为大企业的特许经营商，牧民的处境与佃户无异。造成这一状况的“元凶”是：20 世纪 80 年代，由于里根政府放松管制，养牛的牧场、屠宰场和超市之间形成了“战略合作关系”和“垂直调整关系”（其实在 80 年代，寡头市场占有率还不足 40%，不如说克林顿政府于 1996 年制定的市场导向型农业法影响更大）。这一点不由得让人联想到过去苏联的中央集权式管理模式，只不过这里的主角不是苏联共产党，而是美国的超大型企业。

对消费者来说，以更为低廉的价格供应产品是他们求之不得的好事；但是对牧民来说，这意味着被迫以低廉的价格将肉卖给肉类加工商，可怕的是，如果不接受对方提出的收购价格，将来就可能做不成买卖。结果，牧民在饲料里掺杂促进生长的激素，或者用转基因粮食（玉米、大豆等）做成的饲料喂牛以提高产量和速度，但由于产量过剩，反而降低了收购价格，陷入恶性循环之中。

我在前文中提到的那家牧民和其他养牛散户组成互助会，制定了生产过程和产品质量的认证制度，试图通过这一措施打造“透明农业”的品牌，增加产品的附加价值。令人意外的是，互助会这一组织形式在美国有着悠久的历史。比如，以同时身为发明家、创业家和美国开国元勋之一而名扬四海的本杰明·富兰克林（1706—1790）实际上也是“互助保险制度之父”。他在火灾频繁的费城创立了入会退会都自愿的任意性互助会制度。在政府和市场都未能有效发挥机能的当下，互助会的作用越来越重要。

在美国，从 20 世纪 90 年代开始，以城市周边地区为中心形成了所谓的“农户直销市场”（farmers market）和“社区支持农业”（Community Supported Agriculture），发展势头良好。据美国农业部统计：1994 年，农户直销市场的数目为 1 755 个，2009 年增至 4 800 个。“社区支持农业”——通常被认为受到了日本“当地产、当地销”思想的影响——的注册农场数也从

2006 年的 1 308 个陡增至 2008 年的 2 236 个。由于这些农场采用了非营利法人和互助会的形式，就有可能至少从形式上将一直以来完全由各个农户直接负责的农场经营分离开来。

是驯服还是被驯服？

在当今美国社会，要想自由地、不受市场机制的逻辑和动力支配生活，可以说即便不是不可能也是相当困难的。如果不想被市场驯服，就要考虑如何驯服市场。从多样性的角度来看，这是个相当沉重的问题，“印第安博彩”等案例便是典型。

苦于财政拮据，美国联邦政府从 20 世纪 70 年代后半期开始转变政策，削减对部落政府的经济援助。作为补偿措施，政府允许并鼓励印第安部落经营博彩产业，以此来促进其经济发展和自立。据美国印第安博彩协会（NIGZA）统计，截止到 2009 年，在联邦政府承认的 564 个部落中，有来自 28 个州的 237 个部落经营博彩产业，创造了 50 万个就业岗位。据说其总收入超过了整个拉斯维加斯的赌博收益。2005 年，加利福尼亚州的锡康族向圣地亚哥州立大学捐款，设立了印第安博彩专业，这在美国的大学中还是首例。

创造了全美最高博彩收益记录的是康涅狄格州的佩科特族。于 1992 年开业的“福克斯森林休闲博彩中心”位于波士顿和纽

（上）号称西半球最大规模的福克斯森林休闲博彩中心

（下）位于该博彩中心内部的育儿中心，右边是众多印第安部落尊崇的乌龟造型的文化大厅（均为本书作者拍摄）

约之间，有地利之便，年收益达 10 亿美元以上，在规模上号称西半球最大，而且该中心正准备在费城和巴哈马设立分店。

佩科特部落虽然仅有 900 人，但是 2006 年我前往参观时，发现博彩中心的工作人员已经超过了 150 000 人（其中，部落出身的员工仅有 30 人左右）。由于博彩收益数额庞大，每位部落成员都可以得到分红，比如说，18 岁的部落子弟每人每年能领到 10 万美元以上的现金分红。除此之外，直到大学毕业为止，所有学费都可得到保障，甚至还包括升学时雇家教的费用。我从波士顿前往当地参观时，还享受到了豪车接送的礼遇。

他们为建立玛珊塔科特·佩科特博物馆投入了 2 亿美元，而且，建设“美国印第安博物馆”（华盛顿哥伦比亚特区史密森尼博物馆群的一部分，2004 年开业）的总预算为 1.1 亿美元，其中包含 1 000 万美元捐款，这相当于该博物馆计划募集金额的四分之一。

20 世纪 70 年代，玛珊塔科特·佩科特濒临种族灭绝的危机，直到 1983 年以后才被美国联邦政府承认。当时的族长在从马来西亚华侨投资家那里筹措到经营博彩业的 3 亿美元之前，一直在拖车里过着困苦不堪的生活。该族长在克林顿执政时期，因向民主党全国委员会捐款共计 80 万美元而被邀请到白宫内“林肯的寝室”住了一晚。可以说，他正是一位“美国梦”的体现者。

根据《印第安人博彩限制法》规定，印第安博彩业的收益至少有 70% 要还给部落社会。不可否认，博彩业带来了经济收益，部落人口有所增加，印第安人的自尊心也得以恢复——印第安部落得到了以上种种实惠。

部落规章严格限制外人与部落成员接触，据熟悉内部情况的人说："有的人因为突然暴富而对自己到底是什么人感到迷惑，有的人则深陷物欲之中不可自拔。"从 2006 年开始，由于同邻近部落在博彩业上的竞争加剧，再加上整个美国经济低迷且又爆发了金融风暴，诸多不利条件相互叠加，到了 2008 年，该部落的负债总额超过 20 亿美元，7 000 人遭到解雇，博彩收益与 2004 年时的峰值相比下降了 13% 以上，部落成员的分红也大幅度减少。

在从"福克斯森林休闲博彩中心"驱车不足十分钟的距离内，就有其他部落经营的大型博彩中心，阻止对手部落参与竞争或扩大规模的事件时有发生。为了获得更多的分红，不断有人投靠更富裕的部落，也有人染上赌瘾难以自拔。本来，印第安博彩业的总收益有一半是由 20 个左右在竞争中胜出的部落带来的，实际上，不如说经营不善的情况占绝大多数。担心部落之间贫富差距扩大和传统精神文化被腐蚀的声音也一直存在。印第安人正是白人一夜暴富欲望的牺牲品，而同样的欲望也毁灭了他们对自己文化的认同感。如此看来，这是莫大的讽刺。

市场本身和民主主义及全球化一样，没有必要将其看作一种罪恶。但是，当失去能抑制其不确定性和风险的制度与规范时，市场也会成为原旨主义的一种形式，不断威胁并腐蚀美国社会的多样性。

第五章　对美国主义的再思考

给美利坚合众国

美利坚，你的那个大陆
胜过我们的这个旧大陆。
没有行将崩溃的城堡，
也没有风化的玄武岩。

在充满活力的现代气息中，
人心不再被
徒劳无益的追忆和争执
所折磨。

享受明媚的今天，
祈祷着，有一天，
当子孙们埋头作诗，也能好运连连，
不再杜撰那骑士、盗贼和亡灵的故事。

——约翰·沃尔夫冈·冯·歌德

飞鹰节译

（《歌德全集》第二卷，潮出版社，1980年收录）

一、强烈的自我意识

投射在“国外”的“国内”

威胁着美国国内多样性的原旨主义和市场主义也时常影响国外。从“国内”的逻辑和动力出发想象“国外”——这种现象在任何国家都或多或少地存在，可以说是没有办法的事。但是在全球化的时代，“国内”和“国外”的界限变得越来越模糊，这种现象也有可能阻碍一个基于多样化价值观的世界的形成。

比如说，小布什总统在接管政权两天后就对美国国际开发署（USAID）发布了第一道总统令，规定“不论国内外，不得在人工流产及其推广活动中使用税金”，禁止政府向与人工流产有关的国际活动团体提供援助金。这是一个将美国国内的“文化战争”原封不动地投射到“外交屏幕”上的典型案例。

2010年9月，一个位于佛罗里达州的、信徒人数不足50人的小基督教会宣布了一项烧毁伊斯兰教经典《古兰经》的计划，于是阿富汗、印度尼西亚等地爆发了抗议该计划的反美示威游行。这说明，在今天，任何面向国内发表的言论都会立即对国际社会产生影响。

值得注意的是，这一风险并非仅限于保守派的言行。

比如说，对“文化战争”中保守派意识形态的对立面——自由派的多元文化主义也应该有所保留。

诚然，在强烈主张“承认差异”和“给予差异权利”这一点上，多元文化主义因其多样的价值观而具有公共道德性和正当性。但是，关于其“公共性”的公共性——在美国（或者将其作为国家政策强力推行的加拿大和澳大利亚等地区）之外有多大程度的普遍性——仍然需要慎重讨论。

在异域文化因跨境和混血而普遍交融的地区，在以民族共同语言和教育普及等国家建设事业为当务之急的地区，在宗教信仰和言论自由都得不到保障的地区，在贫困得不具备主张本民族文化的经济基础的地区，多元文化主义所提出的概念与其说具有“普遍性”，毋宁说只是“限定地域”的意识形态或表现手法——这样的可能性也是存在的。即便这一理念是全人类应该追求的终极目标，但若草率地以“普遍”二字来展开讨论，就有可能招致地方层面的反抗。为了避免多元文化主义原旨主义化这样一个悖论，应将多元文化主义本身相对化，也就是说，多元文化主义的“多元文化化”是不可或缺的。

位于明尼苏达州的全美最大的购物中心“美国商城”（Mall of America，2007 年 5 月 23 日，suite101.com）

无须多言，市场主义对国外影响巨大。令人记忆犹新的是，20 世纪 80 年代，在与美国进行贸易谈判后，日本被迫废除、修改了《大店法》，在“放松管制”的名义下，在各地建立了美国式的大型购物商场，给当地的商店街和传统产业带来了巨大影响。

社会学家萨斯基娅·萨森（哥伦比亚大学教授）在《全球化的时代》（伊豫谷登士翁译，平凡社，1999 年）中指出：“过去二三十年，美国在经济全球化中的统治是指由民营企业法的形成导致的法律全球化现象表现为商法美国化的形式。”不过，市场主义的言论也通过美国的商学院和法学院等机构传播到了世界各地。

托克维尔的担忧

话说回来，因其国力的雄厚和国内的多样性，美国倾向于将世界的多样性等同于自身的多样性。将自己的国家看作“世界的缩影”——亦即在其普遍性中发现自己的特殊性——这种思维方式根深蒂固。

被称为“美国例外主义”或“美国主义”的思维模式是形成美国民族主义的基础。虽说是民族主义，但就美国的情况而言，它并非指特定的宗教或民族，其特征是植根于以自由、平等、人民主权、法治等启蒙主义思想的具有更高普遍意义的理念。正因如此，为了与民族式、宗教式的民族主义相区别，它经常被称为公民民族主义（civic nationalism）或者爱国主义（patriotism）。

不管如何称呼，毫无疑问的是，在其本质层面存在着强烈的自我意识。然而讽刺的是，这一点反而常被看作多样化价值观世界形成的阻碍。

《哈佛杂志》（2004 年 1 月、2 月刊）曾报道：托克维尔于

1852 年被哈佛大学授予名誉学位时，该大学发现了他写给吉雅德·斯帕克斯校长的私人信件。在信中，托克维尔对其以法国外相（1849 年）身份接触到的美国外交政策表示了担忧：

> 美国害怕的正是美国自己——即民主主义的滥用、冒险和征服的精神、对自身力量的执着和自满，以及因为建国时间短而造成的性急。（中略）不应轻易向欧洲挑衅。（中略）因为这样做恐怕会将美国引向困难，也会对国内形势产生意想不到的影响。（本书作者译自英文原著）

“9·11”恐怖袭击后不久，国际社会纷纷对美国表示同情。然而，令人记忆犹新的是，这种同情却因为遭到美国国内以新保守主义为中心的势力利用而逐渐演变为世界范围内的反美、厌美情绪。托克维尔的《论美国的民主》在 20 世纪 30 年代被看作反法西斯主义的著作，在 20 世纪 50 年代则被看作反麦卡锡主义的著作，一直受到自由派的广泛支持和认可（近年来，在关于公民参政、公民社会的讨论中，对于该书的重新评价正在进行中）。然而，到了 20 世纪 80 年代，它却被当作拥护“传统价值观”或批判左翼整体主义思潮的著作，反而常被保守派引用。特别是在“9·11”恐怖袭击后，作为对美国民主主义的拥护和礼赞，所谓的新保守主义引用该书的情况越来越多。毋宁说，托克维尔的私人信件所警示的正是新保守主义。

双重标准

当美国例外主义或者美国主义被投射到国外时，常能听到批判美国帝国主义式霸权扩张和其背后隐约可见的双重标准的声音。国际政治学家斯坦利·霍夫曼（哈佛大学教授）在以“后退的美国”（America Goes Backward）为题的论文（《纽约书评》半月刊，2003年6月12日）中指出：

> 全世界日益高涨的反美主义并非仅仅出于人们对唯一一个超级大国的反感、左派与右派的老生常谈和对我们的价值观的嫉妒和憎恶。相反，它屡屡起因于美国的双重标准、出尔反尔、迟钝、无知、傲慢、错误的前提和可疑的政策。（本书作者译自英文原著）

霍夫曼特别批判了美国在许多地区实行与自己提倡的理念背道而驰的政策：

> 由于美国曾支持危地马拉、巴拿马、萨尔瓦多、智利、1965年的圣多明各、军事专政的希腊、巴基斯坦、马科斯时代的菲律宾、1965年以后的印度尼西亚、君主执政时期的伊朗、沙特阿拉伯、扎伊尔（刚果民主共和国的旧称）、还有越南共和国（南越）等政权，反政府派受到了巨大冲击。

后来，美国衡量利弊，又抛弃了原来的政治同盟。此时，就连我们这些曾经支持美国的人也感到失望，甚至产生了更加负面的感情。由于在宣扬自由的威尔逊式原则背后隐藏着狡猾的马基雅维利（1469—1527，意大利政治家和历史学家，主张为达目的可以不择手段）式的阴谋，许多客户和潜在的朋友也开始对美国敬而远之。世界上形成了数个反美主义体系。（“美国为什么被人讨厌”，《世界》杂志，2002 年 4 月刊）

本来，美国例外主义和美国主义植根于启蒙思想等具有较高普遍性的理念，因此它们也是为国际主义和人道主义提供动机的一种逻辑。

比如在 1918 年第一次世界大战期间，伍德罗·威尔逊总统在美国国会提出十四点和平原则（支持民族自决，维护殖民地居民的利益，设立维持世界和平的国际组织，等等），其目的是向因前一年的俄国十月革命而受到影响的美国公民（特别是工会）宣扬崇高的道德观，然而这一提案内容本身却包含着超越了美国一个国家的理想主义。

但是，当不顾一切追求狭义的国家利益时，美国例外主义和美国主义就会被降格为伪装成“正义”和“普遍性”的伪善和过度自信，丧失其说服力和魅力。毫无疑问，“9·11”恐怖袭击事件是一个极其凄惨的悲剧。但是，当我们联想到恰好在 28 年前的 1973 年 9 月 11 日发生在智利的军事政变时（萨尔瓦多·

阿连德总统领导的社会主义政权被美国支持的军事专政势力所颠覆，阿连德被暗杀），就会在“9·11”恐怖袭击的悲剧之中发现美国的双重标准。

小布什政府以正在进行“反恐战争”为由，以古巴的关塔那摩美军基地为集中营，无限期拘留被看作“敌对性战斗人员”的人，还制定了限制美国公民自由的《爱国者法案》。这两件事作为上述双重标准的象征而广受诟病。奥巴马在总统就职演说中表示：“至于我们的共同防御，我拒绝将安全和理想放在天平的两端，这是一个错误的选择。”这既是对小布什政府的讽刺，又是在表达回归“法治”的意愿。

迄今为止，美国将这种双重标准用在了对亚洲、非洲、中东、中南美洲等地的战争、内战、军事政变和对民族纠纷的干涉中。关于这一点，政治学家古矢旬（东京大学教授）在《美国，过去和现在之间》（岩波新书，2004年）中论述道：

> 历代美国政府都采取过有违自由、民主主义和人权的强权式压制制度。但是，鉴于冷战中的地理政治学，这样做有其必要性。只要是旗帜鲜明地反苏、反共的国家，美国都将其看作同盟，不惜通过军事援助和经济援助予以支持。

或许这样的双重标准也能在其他国家身上看到，但是，正如古矢旬教授指出的那样，对于以自由派民主主义盟主自诩的

和萨达姆·侯赛因总统握手的拉姆斯菲尔德（时任里根政府的中东特使，左一）。在两伊战争中，美国支持伊拉克（1983年12月20日）

美国来说，它极有可能凸显美国自身的矛盾，腐蚀美国的正统性。

美国的目的在于向当地反共产主义势力秘密提供财政援助和武器，并通过宣传、煽动罢工、示威游行、恐怖活动、游击活动、暗杀政府要人等一切可利用的合法或不合法的手段，将特定国家的内政导向有利于美国的方向。没有什么事比这些秘密行动更能雄辩地说明冷战时期“自由的帝国”的悖论——为了在世界上实现其表面上提倡的自由、民主主义、人权等普遍性理念，不得不使用恰恰违背这些理念的手段。（古矢旬，《美国，过去和现在之间》，岩波新书，2004年）

二、帝国论

山巅之城

当然，作为美国民族主义的基础，美国例外主义和美国主义首先在美国国内得到了鼓励和支持。

举例来说，17 世纪上半叶，基督教新教领袖约翰·温斯罗普在前往新大陆的阿贝拉号船上发表了演讲，其中，“我们应该成为山巅之城”这一节在今天也经常被为政者引用。尤其是里根总统，他反复强调：“美国是‘山巅之城’，被上帝赋予了与整体主义、集体主义等威胁世界的行为做斗争的崇高使命。”在行将离任的时候，他还在“告别白宫的演讲”中用这一节做了总结。

“从小木屋到白宫”——林肯总统出人头地的经历象征着“美国梦”，这个故事在不断被更新的过程中一直鼓舞着美国公民。林肯形容美国是“地球上最后、最好的希望”，在国家烈士陵园的献花圈仪式上，他发表了著名的葛底斯堡演讲（1863 年），其中“民治、民有、民享的政治”这一脍炙人口的名言一直为美国人津津乐道。在美国，日常生活中充斥着宣誓效忠《独立宣言》、美国宪法、国歌和国旗的典礼和言论。

但现实是，在美国国家建设和民族融合统一的过程中，有

过屠杀印第安人、剥削黑人奴隶、迟迟不赋予妇女参政权、将日侨关押到集中营这些充满矛盾的过去。比如在冷战时期的

第二次世界大战期间关押日侨的曼扎拿集中营（加利福尼亚州，1942 年 3 月 7 日，The National Archives）

1963 年，在马丁·路德·金牧师等人为废除种族歧视而举行华盛顿大游行之时，苏联的塔斯通讯社大规模报道了“剥削超过 2 000 万名黑人的美国社会的丑恶现实”。对美国而言，为了遮盖并使这一“丑恶现实”得到升华，必须持续打出“理想”的旗帜，但美国却面临着越是高喊理想，越会暴露其与现实的差距这一进退两难的境地。

除此之外，越是高声叫喊，将存在于美国理想之外的集团和国家看作“异己”的冲动就越强烈。与此同时，为了确认、保障自己的思想和理想的优越性，通过警察的监视、预防措施、体制改革等方法来支配异己的诱惑也会随之膨胀。美国之所以经常被指与共和国和古典帝国（近代以前的帝国）有相似性，就是因为它们共享这一动态原理。

本来，一方面，由于共和国以来源于启蒙主义思想的自治精神为基础，所以它天然地蕴含着启蒙思想所具备的普遍性和普遍化的意图。另一方面，古典帝国的特征在于，它以“一个完整世界”的姿态提示着自身的统治。因此，帝国对其内部民族、宗教、语言的多样性是比较宽容的；但是在帝国外部，多样性的存在不仅不会得到积极的承认，甚至经常成为帝国征服和掠夺的对象。无须多言，共和政治和帝国政治在政策主体上是迥异的，但是实际上其动态原理本身却是类似的。这一点可以从这样一个事实看出来：被认为是古典帝国代表的罗马帝国正是来自于城市国家罗马共和国。

也有与古典帝国不同的帝国形态，比如殖民地帝国（近代帝国）。但是，这些国家的特征是出现在19世纪至20世纪、由列强进行领土扩张和殖民地经营。一般来讲，和古典帝国相比，附属国的待遇明显与核心国家不平等，这屡屡成为发生叛乱的原因。

美国本来是从对英帝国的否定中诞生的反帝国主义共和国，借用托马斯·杰斐逊的话来说，就是“自由的帝国”。但是，它却打着“昭昭天命”的旗号，通过压制印第安部落国家和与墨西哥的战争不断扩张领土；在19世纪末拓荒前线（frontier）消失以后，又作为海洋国家不断西进；甚至通过美西战争，使菲律宾成为美国正式的海外殖民地。尽管与欧洲列强和日本相比持续时间有限，美国历史上也的确存在过一段近代帝国（所谓的帝国主义国家）的时期。

美西战争以后，由于美国国内势力对拥有海外殖民地一事

左二是驻扎在菲律宾的美军司令官、实质上的菲律宾殖民地总督阿瑟·麦克阿瑟（道格拉斯·麦克阿瑟的父亲）（The National Archives）

持反对态度，门户开放型的海外扩张便成为其主流，这也加强了其“非正式”帝国的色彩。第二次世界大战以后，美国本身的基本外交立场是推进殖民地的解放。

不久，随着冷战的结束，以俄罗斯联邦为盟主的另一个“非正式”帝国崩溃。老布什总统讴歌“新世界秩序的到来”，美国霸权急速全球化。这一情形足以让人联想起古典帝国的动态原理，特别是在“9·11”恐怖袭击之后，小布什总统提出“反恐战争”“文明之战”“所有信仰进步、多元主义、宽容和自由的人的战争”“民主主义在全球的普及”等众多声势浩大的口号，这不由得让人担忧其帝国动机的走向。

“恐怖”行为的明确终点原本便难以预估，所以无论做出怎样的扩大解释都是可能的。所谓的“反恐战争”（War on Terror）只是一种花言巧语，恰和美国国内“严惩犯罪”（Tough on Crime）这一意味着严刑峻法的口号相呼应，从内部打破了国内政治和国际政治的界限。在21世纪前十年的美国，它以金科玉律般的回响，给人一种“新世界的秩序”等同于永恒战争体制的印象。

国际政治学家约瑟夫·奈伊（哈佛大学教授）之所以强调“软实力”的重要性，是因为担心由新保守派主导的鹰派理想主义会反过来刺激世界各地的反美和厌美情绪。但是，“软实力”这一概念本身却经常被人理解为一种用来遮掩美国帝国主义动机的伪装，这违背了奈伊本人所要表达的概念上的中立性。正是奈伊指出了“软实力”受接受者的认识左右，然而，讽刺的是，“软实力”这个概念本身却被卷入到围绕着认识展开的政治斗争之中。

三、美国的反省

奥巴马的告诫

从小布什政府手中接管了美国这个“帝国”的奥巴马说“与其说上帝站在哪一边，不如说我们站在上帝那一边”，并借此提示人们应对将“美国的正义视为绝对”的倾向保持警惕。这一点我已经在本书第一章讲过。即便在总统就职演说中，他也不无自省地说：“我们的先人充分认识到，仅靠自己的力量是不能保护自己的，且这一力量并未给予自己肆意妄为的资格。他们知道，自己的力量只有通过谨慎的使用才能得到增强，而自身的安全则是从大义的名分、模范的力量、谦虚和自我克制的精神中产生的。”

当然，既然奥巴马也是美国这个“理念上的共和国”的领导人，就很难完全脱离美国例外主义和美国主义的思维。但是，奥巴马与小布什决定性的不同之处在于，他在这方面具有很强的自制力。这或许是因为他本人的出身十分复杂，也曾在芝加哥直面贫困地区沉重的苦难。

不过，一个思想上的线索是，奥巴马本人也承认他受了基督教新教神学家莱茵霍尔德·尼博的影响。尼博在 1952 年冷战时期写了一部《美国史的讽刺》，并在书中警示："讽刺的是，如果自满于且过分依赖自己的长处，长处就有可能变为短处。在最邪恶的事物的短处和最善良的事物的长处之间，有着肉眼看不到的相似性。"他还指出："我们不能以其他原旨主义来应对来自苏联所奉行的原旨主义的威胁；美国应该在对是否符合国家利益进行冷静的判断之后再采取行动，不能为远大的使命感所驱使。如果过分意识到假想敌的存在，它就会在不知不觉中成为真正的敌人。"尼博正是受了圣奥古斯丁神学的影响，在其思想深处存在着一种对人类行动本质的罪恶感。

自以为是的"反恐战争"反而使恐怖不断扩散，让伊斯兰教温和派也变成了"殉教者"——或许这件事将作为"美国史上的讽刺"而被后世记住。

讽刺的传统

确实，在美国历史上，像尼博那样具有敏锐的"讽刺"视角的人是经常存在的。比如，在詹姆斯·麦迪逊等开国元勋所

莱茵霍尔德·尼博（nytimes.com）

写的《联邦党人文集》（*The Federalist*，1788年）一书中就蕴含着对民主主义的深刻警告。约翰·亚当斯国务卿（后来的第六任美国总统）在1821年的独立战争纪念日演讲中留下了一段有名的话：

（真正的美国）是不会为了降妖除魔而参与国外事件的……这是因为我们明白，一旦站在他国的旗帜下战斗，即便这旗帜是为了他国的独立而竖立起来，我们也会被完全卷入国家利益和阴谋或者个人的欲望、渴慕和野心中去，深陷以自由的名义或者为争夺自由的旗帜而发动的战争的泥沼，难以自拔……如果变成那样，美国就会成为世界的独裁者，而我们便有可能丧失美国的精神。"（沃尔夫·勒佩尼斯，"纽约和美国的展望"，《阿斯蒂昂》，2007年第67号）。

出生于密苏里州的萨缪尔·兰亨·克莱门曾对美国的帝国主义扩张政策和其为吞并菲律宾而发动的美西战争大加挞伐，并担任了反帝国主义同盟（Anti-Imperialism League）的副会长。他同时也是一位作家，笔名是马克·吐温。写作于1901年至1902年某一时期的未完成稿《艾迪帕斯——世界帝国的秘史》也对美国帝国主义发出了警告。

后来，马克·吐温在被耶鲁大学授予名誉学位时与正在推进帝国主义政策的西奥多·罗斯福总统不期而遇。面对总统的挑衅："吐温这种人就该被剥了皮示众"，他反驳："总统在好几件事上都不太正常，不过其中最严重的是把战争方针和胜利当作无上的光荣。"

顺带一提，同样加入了反帝国主义同盟（1899—1922）的还有哲学家威廉·詹姆斯、约翰·杜威、钢铁大王安德鲁·卡内基、工运领导人塞缪尔·龚帕斯等为数不少的社会名流。

外交专家沃尔特·拉塞尔·米德（美国外交问题评议会高级研究员）在《国家利益》杂志（1999—2000，冬季刊）上总结了美国对外政策的四个特征和传统：

①巧妙追求国家利益和通商实际利益的汉密尔顿主义；

②重视独立自主，为追求国家利益不惜采用高压手段的杰克逊主义；

③通过普及普世价值领导世界的威尔逊主义；

④通过成为其他国家的楷模来普及理想的杰斐逊主义。

大体而言，可以说①和②是现实主义，而③和④是理想主义。但是，①—③相信美国的国力和正义性，而④更具怀疑精神和自制力。事实上，杰斐逊曾在总统就职演说中提倡“贤明、简约的政府”，谦虚地承认了自己做出误判的可能性。也就是说，在美国外交中存在着一种开放的、可以包容“讽刺”的传统。（顺带一提，按照米德的分类，小布什政府的外交政策是②和③的结合，而奥巴马政府的外交政策是①和④的结合，两者形成鲜明对比。）

20世纪英国最具代表性的思想家以赛亚·伯林在其著名演讲“理想的追求”（1988年）中警示了人们对绝对理念的无止境追求。不论保守派还是自由派，在极端意识形态的指导下，越是急于“追求理想”，越会造成巨大的灾难，这一点已为历史所证明。正是基于这个理由——而不是因为拥护权谋诡计和政治伎俩，伯林高度评价了马基雅维利客观地正视人性、不将基督教视为绝对的做法。

据说，伯林非常欣赏伊曼努尔·康德的话：“过去，人们从未从人性这种扭曲的木材中制造出任何笔直的事物。”众所周知，康德一贯提倡怀疑精神和现实主义。

四、他国对美国的看法

名为“反美”的原旨主义

法国社会学家弗里德里克·玛尔特尔是前法国外交官，2001年至2004年间，他作为法国驻美大使馆文化参赞考察了美国的35个州，对700名文化相关人士进行了采访，并在此基础上出版了《超级大国美国的文化力量》（根本长兵卫、林春芽监译，岩波书店，2009年）一书。在书中，玛尔特尔对美国的自我反省能力——也就是说，对美国例外主义和美国主义进行抑制的能力——评论道：

> 美国国内也出现了对其统治世界的意图进行批判的声音。我遇到过的最严厉的、以近乎激进的态度批判好莱坞电影和大众文化的人正是美国人本身。他们为了维护独立电影和全世界多种多样的文化而走上街头，组织起伊朗电影节、日本电影节；他们揭发美国原住民的身份丧失，并为了民族音乐和乡村音乐而进行斗争。让-吕克·戈达尔（1930年出生于法国巴黎，法国导演、编剧、制作人）的反美主义正是在美国引起了最多的关注；欧洲人正是通过迈克尔·摩尔（1954年出生于美国密歇根州，作家、演员、编剧、

导演）见证了美国社会功能的不健全。

不仅如此，美国自己创造了有关反美主义的思想及批评的知识框架，对世界各地的美国观产生了巨大影响。

> 从大学的“文化研究”学科（一般来讲，针对美国模式的左翼批判也出现在大学里）、保守色彩较强的财团（从索尔·贝娄到阿兰·布鲁姆，高度评价欧洲文化及其精英主义的右翼评论也出现在财团中）和黑人、西班牙裔移民、亚裔及同性恋社区，源源不断地涌现出对美国文化帝国主义的批判。（同上）

面对这样的知识界现状，玛尔特尔总结道：

> 因此，外国人，特别是欧洲人，要想分析或批判这一文化体系，就不得不参考美国人所写的东西。这才是最大的讽刺——或者说，这正是一个最终的、决定性的证据，证明了美国近乎完美的统治。（同上）

针对反美主义，人们已经尝试过各种各样的分析。不仅有人指出了其政策性因素，也有很多人指出其结构性因素。也就是说，催生反美主义的主要原因有以下两点：其一是美国在政治、经济、军事和文化领域拥有非对称性力量；其二是美国是世俗化、现代化、西方化、全球化和市场主义化的象征（只是就世俗化和现代化而言，因为美国在废除死刑和限制枪支方面表现得十分消极，所以不如说以欧洲为中心的基督教保守派对美国的态度更倾向于批判）。这一结构性因素一方面诱发了别国对美国的憧憬和模仿，另一方面又招致了对美国的嫉妒和憎恶。对左翼来说，美国是资本家剥削工人和帝国霸权主义的象征；对右翼来说，美国的多民族制和民主主义是堕落的象征。另外，也存在着势利的知识分子和上流阶层出于自命不凡和爱慕虚荣而反美的情况。

然而，这些持反美态度的人却容易忽略（不管是有意识还是无意识）美国的一些情况，对此，霍夫曼在前文提到的论文中举例道：

> 伊斯兰激进分子还清楚地记得，第一次世界大战期间，英国对阿拉伯各国做出的政治承诺和 1918 年以后英法帝国主义的欺诈行径。然而，他们却不太记得 20 世纪 40 年代后半期及 20 世纪 50 年代美国对法属北非反殖民地主义者给予的支援。（前述《世界》杂志刊载论文）

霍夫曼进而写道：

> 激进分子清楚地记得，在斯雷布雷尼察安全地带发生屠杀伊斯兰教徒的事件以前，英国曾反对干涉波斯尼亚内政，美国对此事也持消极态度；但他们却忘记了 NATO（北大西洋公约组织）于 1995 年为拯救波斯尼亚的伊斯兰教徒所做的努力、于 1999 年为帮助科索沃的阿尔巴尼亚人所采取的措施以及于 2001 年为保护马其顿人的权利所采取的行动。（同上）

也有这样的情况：因为不能适应现代化和全球化，一些国家便以“反美”为旗帜，借以唤醒民族主义和地方主义、掩盖本国社会内部的矛盾和不满。听到“美国”二字只能联想到“统治”和“剥削”——这体现出一种停止思考的倾向，或者说是另一种“反美”的原旨主义。如前所述，尼博曾告诫人们，面对原旨主义的威胁，我们不能以另一种原旨主义来与之抗衡。

与此同时，另一个事实是，“反美”的标签（“亲美”的标签也同样）经常被不同社会的人们出于各自的政治目的而进行改造和曲解。对那种因为对方不同意美国的某个特定政策就轻易为其贴上“反美”标签的逻辑与动力特别需要留意。奥巴马在 2004 年民主党大会的主题演讲中指出：“有反对伊拉克战争的爱国者，也有支持伊拉克战争的爱国者。”这句话也同样适用于美国国外的“反美”和“亲美”势力。

在华盛顿哥伦比亚特区倒持星条旗抗议入侵伊拉克的人群（2003 年 3 月 17 日，© 法新社 MANNY CENETA 摄）

东萨摩亚的选择

另外，我们有必要对美国所肩负的双重作用进行分析。2006年，我访问了位于南太平洋波利尼西亚地区的美属萨摩亚（东萨摩亚）。该地大致位于连接夏威夷和新西兰一线的中间位置，是美国唯一位于赤道以南的海外领土，面积比日本的宫古岛小一圈，人口不到70 000人，官方语言为萨摩亚语，英语为通行语言。这里也是萨默塞特·毛姆的短篇小说《雨》（1921年）和玛格丽特·米德的民族志《萨摩亚人的成年》（1928年）等名作的舞台。

我也顺便访问了米德于1925年——当时她只有23岁，还是在校研究生——独自进行过社会调查的孤岛村落。我的向导是一位在当地有很高地位的酋长（他的父亲曾在村中接待米德），也是美属萨摩亚地区的行政长官之一，现担任美属萨摩亚“政治地位调查委员会”的主席。

该委员会成立的背景是，联合国非殖民化特别委员会将美属萨摩亚划归为世界上现存的16个“非自治地区”之一（此外还有美属关岛和维尔京群岛等岛屿）。

萨摩亚群岛在19世纪下半叶的殖民化过程中被列强分割为东西两部分。1900年以后，东萨摩亚由美国海军实行军事管理。但是，在第二次世界大战后，随着美军的海军基地迁往夏威夷，这里的经济急速滑坡。然而，1961年，《领导力文摘》（*The*

Leader's Digest）杂志批评东萨摩亚的贫困和荒废是“美国在南洋群岛上的耻辱”，以此事为契机，肯尼迪政府投入了大规模联邦资金，“自上而下”地推动了这里的现代化进程。今天，来自政府的补贴金占其每年财政收入的六成，就业岗位占四成。

另一方面，贫困率和失业率却居高不下，分别占总人口的六成和三成。为了求职，很多年轻人在高中毕业后加入了美国海军。在伊拉克战争中，有很多东萨摩亚出身的士兵丧命。从人口比例来看，在整个美国，这里的死亡率是最高的。

然而，尽管东萨摩亚人是美国公民，但因为没有被赋予公民权，所以不能在总统选举和联邦议会选举中投票。和关岛一样，东萨摩亚在联邦国会众议院只被允许拥有一名没有决议权的代表。出于对这种状况的担忧，联合国敦促东萨摩亚对民族自决的固有权利进行调查和协商。

但是，东萨摩亚却回答说“我们不是美国的殖民地”“我们不打算从美国独立”。甚至可以说，东萨摩亚支持美国入侵伊拉克，对美国的忠诚毫不动摇。毕竟，来自政府的补贴和就业岗位给他们带来了无法估量的好处，所以他们也为身为美国的一部分而自豪。

虽然乍看之下东萨摩亚处在从属的、受歧视的政治地位，但这也体现出其议会的意向。在第二次世界大战之后，东萨摩亚归美国内务部管辖。但是，东萨摩亚有自己的宪法，其行政长官和议会上议院都是按照东萨摩亚的文化传统（酋长制）选

（上）从空中拍摄的东萨摩亚首都帕果帕果
（下）东萨摩亚的议会议事堂（均为本书作者拍摄）

出的。东萨摩亚人以外的人在其领土内逗留或进行土地交易都受到限制，可说是美国象征之一的枪支拥有权在这里也是被禁止的。

就像这样，并非所有美国的政治制度和法律都适用于东萨摩亚，因此该地区被置于现在这种特殊的政治地位。但是，这也是一个有意识的选择——通过不完全在政治上与美国保持统一来维护自己的尊严和传统。前面提到的那位地位很高的酋长说，当地的"调查委员会"关注的焦点其实是在美国的制度框架内提高东萨摩亚的地位，他们认为独立或者与西萨摩亚（1997年成为独立国家，名为萨摩亚）统一会降低自己的地位，因此对这种想法不屑一顾。顺带一提，关岛也曾制定自己的宪法草案，但该草案在1997年的全民投票中被否决，今天，他们作为太平洋地区的美军基地受益匪浅。

是将东萨摩亚的状况看作当地社会自主判断乃至主体战略的表现，还是在更为根本的意义上看作美国殖民统治的延续？是把它看作施恩者与受益者的关系，还是看作统治者与被统治者的关系？将其归结为其中的某一类来论述——这种诱惑经常存在于知识和政治领域，因为这样做比较省事。但现实是，不仅是东萨摩亚，对与美国关系很深的社会来说，美国具有的二义性使其不能被还原于单纯的黑白二元论。对此，那位酋长说："东萨摩亚和美国的关系绝不是独立或追随这么简单。"

作为公共财产的美国

这种二义性结构同样适用于很多其他国家与地区。国际政治学家藤原归一（东京大学教授）在《民主主义的帝国》（岩波新书，2002年）一书中，对美国在稳定国际关系方面的作用做了论述：

> 不可否认，有很多国家依赖美国政府的行动并因之受益。即便这是通过恫吓得来的和平，但美军维持治安的行动绝不仅仅是为了谋求美国政府的利益。另外，虽说美国主导下的国际经济体制在很多情况下对美国企业有利，但不能因此便说自由贸易的制度化和国际通货体制的建立牺牲了其他国家的利益。在美国国内，有不少人相信世界和平是通过牺牲美国人的生命和财产换来的。

在此基础上，藤原归一主张应该进一步正视作为“公共财产”的美国：

> 因为拥有强大的军队和强势的货币，美国便能施行许多其他国家无法施行的政策，恐怕这也是事实。不管是出于有意还是无意，美国政府做出的决定不仅对美国国内产生影响，也会不可避免地产生公共效果。（同上）

当然，有必要具体分析美国——或者各个时期的美国政府——所定义的“安定”的国际关系。对美国提出的“自由”“民主主义”“人权”等概念也是如此。即便是美国，一旦超越了自身所处的历史和社会背景的制约，也无法理解这些概念的内在含义，这一点是不言而喻的。但是，由于冷战结束和全球化，国际社会正在逐渐树立起规范、秩序和制度，以至于我们不能（至少不能从正面）否定这些概念，这也是事实。由于在硬实力和软实力两方面都掌握了霸权，美国在这一过程中起到了不应被低估的作用。

一直以来，美国通过从国外贷款来维持消费，并以此刺激世界经济增长（即承担起“世界的最终消费市场”的角色）。但在2008年金融风暴以后，美国在这件事上已经越来越力不从心了。然而，另一方面，世界上尚不存在能代替美国承担起这项任务的国家。这一现实也是当今世界经济产生大混乱的重要原因之一。

一般认为，如今，美国在全世界130个国家拥有700多个军事基地。近年来,维持这些基地的运转已成为美国的沉重负担，出现了从世界各地逐渐裁撤军事基地的趋势。迄今为止，美国通过在世界各地建立起历史上少有的大规模军事基地网络来维持国际社会的秩序，但也因此背负着沉重的负担。若上述国际秩序能通过多国合作或者其他形式得到保障，美国“帝国过度扩张”的风险就会降低，这对美国来说也是求之不得的事。

出生于苏格兰的历史学家尼尔·弗格森（哈佛大学教授）在

其专著《巨人》（*Colossus*，2004年，无日译）中批评美国没有充分发挥其作为帝国的责任，他说，在索马里战争中，一旦士兵出现伤亡，美国就立刻撤军；而在入侵伊拉克时，又在受到破坏的当地秩序还未恢复的时候就讨论撤军问题。弗格森指出："现在的美国是一个帝国，而且是一个特殊的帝国。"基于此，他主张美国应该像过去的大英帝国那样，以"真正的帝国"为目标，积极参与而不是退出国际事务，促进国际秩序和规范的形成。

在当代国际社会中，核裁军、核不扩散、防灾、医疗、保险、教育、环境、能源、援助贫困阶层、知识产权等一系列问题和（广义的）国防概念的联系越来越紧密，且这种联系是直接的、全球范围的。而且，不能否定的是，在这个复杂的系统中，一个小小的刺激也有可能引起意想不到的连锁反应，最终使整个系统崩溃。

五、另一个悖论

"帝国"中的美国

另外，不能忘记，在美国的影响力遍及全球的同时，美国自身也受到全球化的影响。非法移民、知识移民大量涌入；流行病（感染病和传染病在世界范围内大流行）、违法药品和国际犯罪团伙泛滥；人才流失和劳务倾销……从天然资源、信息技术、知识产权、高等教育、体育到大众文化，美国在各方面承受的国际竞争压力都在不断加大。全球化绝非一个美国能够在其中无所顾忌地单向通行的过程，它也会反过来不断将美国囊括其中。

从这个意义上来讲，思想家安东尼奥·涅古利和迈克尔·哈特在《“帝国”》（水岛一宪等译，以文社，2003年）一书中提出的“帝国”概念颇具启示意义。

在他们看来，“帝国”与古典帝国（近代以前的帝国）或殖民地帝国（近代帝国，帝国主义国家）性质迥异。“帝国”是指由全球化资本主义带来的一种新的统治方式：“没有领土和国界、没有中心、将民族国家包含其中的新型全球化权力乃至网络。”

> 当近代主权接近终结时，向“帝国”的过渡从其黄昏中现身。和帝国主义形成鲜明对照的是，“帝国”既不建立领土上的中心，也不依靠固定的边界和壁垒。

与全球化资本主义潮流相呼应，“帝国”的权力和网络通过各种各样的系统不断自我生成、自我组织，并借此进一步扩大、加强和再生产。

> “帝国”是无中心、无领土式的统治装置……渐进式地将整个全球化领域囊括进来。“帝国”一面调解着其指令网络，一面管理运营着多民族融合式的身份认同、具有弹性的阶级秩序和复数的交换系统。总而言之，帝国主义式的世界地图按照国别被涂抹成不同的颜色，而现在，这些颜色都融入到了全球化“帝国”的彩虹色之中。（同上）

马克思主义者涅古利和哈特承认美国是“帝国主义性质的”，而且在“帝国”中占有“特权地位”。但是，“帝国”也将美国囊括其中，即便是大国美国也不能自由行事。也就是说，美国在整个“帝国”中也只是一个地区而已。

> 美国的诽谤者极为尖刻地批判说，美国只不过是在重复过去欧洲列强帝国主义的各种实践。另一方面，美国的拥护者则赞扬美国是更有能力、更具同情心的世界领导者，它汲取了欧洲列强失败的教训，不会重蹈覆辙。但是，我们的见解与此相反，也就是说，我们的基本前提是——新的“帝国”主权形态出现了。（同上）

在此基础之上，涅古利和哈特以美国入侵伊拉克一事为例，指出在“帝国”中，一国中心主义乃至帝国主义的做法从一开始就是注定要失败的：

> 实际上，在今天，任何民族国家都不能成为帝国主义模式的中心。美利坚合众国也不会成为这样一个中心。帝国主义结束了。今后，再没有任何国家能像近代欧洲列强那样成为世界的领导。（同上）

当然，这并不意味着民族国家会“溶解”或消灭。由于民族国家被囊括在“帝国”内部，作为一种反弹，有可能出现这样的情况：民族国家的逻辑和动力得到加强，或者帝国主义的诱惑增大。这一点与全球化的情况是一致的：一方面，全球化动摇了民族国家的功能和权限；另一方面，与“无国境化的时代”这一表述方式相反的是，它也有可能增强民族主义乃至人们归属于某个集团或者原旨主义的冲动。

伊拉克战争本身是否正是在民族国家的反抗和反弹的背景下策划的——这个问题并不超出想象的范围，但我们也应看到，在全球化和“帝国”的大结构中，美国的主权和政策被相对化了。

公民的统治原理

这里耐人寻味的是，即便如此涅古利和哈特也认为美国在“帝国”之中占有“特权地位”，原因是帝国的形成原理——“管理运营着多民族融合式的身份认同、具有弹性的阶级秩序和复数的交换系统”——同世界上最古老的成文宪法，即美国宪法中所规定的公民统治原理有一致之处。

> 我们可以看出，因其宪法（国体）具备“帝国”倾向，美利坚合众国在更重要的方式上被特权化了。正如杰斐逊所说，美利坚合众国宪法是为扩张式“帝国”量身打造的。（同上）

在此基础上，涅古利和哈特强调，美国不是“帝国主义式”的，而是“帝国式”的：

> 之所以说“帝国式”，是因为美利坚合众国的立宪（政权组织）程序（与经常在封闭的权力空间内部单线型扩大、侵略并破坏自己统治下的各个国家并将它们囊括在自己的主权内部的帝国主义模式相反）是以在再结合开放空间、覆盖无界限领域的网络中不断重复发明多样、特殊的各种关系的过程为模板而构筑的。（同上）

托克维尔在《论美国的民主》中指出：“美国人的巨大优点不是在文化上比其他民族受到了更多启蒙，而是拥有纠正自身错误的能力。”今天，如果托克维尔再次访问美国，大概会修订自己的《论美国的民主》，并在其中添加这样一些内容：民族、宗教、语言的多样化；联邦政府技能和权限的巨大化；

党派对立和意识形态对立的尖锐化；市场主义的强权化和普遍化；社会差距的拉大；偏执的安保意识；军事大国化；等等。然而，拥有一位父亲出生于肯尼亚、家境虽富但并非来自政治世家的奥巴马入主白宫——这一事实说明美国的公民统治原理依然健在，美国民主主义的自我修复能力依然健在。托克维尔在书中写道："我承认，我在美国看到了某种超越了美国的东西。"而涅古利和哈特则承认美国在"帝国"中拥有"特权地位"。两者的视角似乎一下子重合在了一起。

做更完美的美国人

美利坚合众国宪法的原件（The National Archives）

2010年春，奥巴马在密歇根州卡拉马兹的一所公立高中的毕业典礼上做了演讲。为了选择做演讲的学校，奥巴马呼吁全美国的在校生自愿报名，然后通过一般性投票在学生制作的学校宣传视频中选出优秀作品，最后再由奥巴马本人从中挑出最优秀的，并在该校进行演讲。在演讲中，奥巴马说：

如果我们的开国元勋这样说如何："殖民主义确实有些压抑，但对我来说并没有害处，我的家人也都生活得不错。那么为什么我一定要在费城度过夏天，还特地参加关于宪法的讨论呢？"

的确，那些费城制宪会议（1787年）的参与者是没有报酬的。奥巴马接着说：

如果主张废除奴隶制的人和参加民权运动的人这样说又会怎样："种族隔离政策虽然不好，但若牵涉进这个问题会有危险，何况我也没有时间参加集会和示威游行。还是算了吧，希望他们顺利，但我并不想积极参与。"

在提出这些问题后，奥巴马这样结束了他的演讲：

正是因为他们做出了不同的选择，今天我们才能在这里自由地生活。……总而言之，是他们的献身精神将我们同彼此——也同社区和国家——联系在一起，其价值是不可估量的。就这样，我们成了更完美的美国人。……谢谢各位，愿上帝的祝福与各位同在，愿上帝的祝福与美利坚合众国同在。

像这样，将公民统治原理和本国的理念重叠正是美国的强项所在。这也是 20 世纪初社会评论家伦道夫·波恩说“美国的传统在未来”的原因。

自我矫正的能力

我曾经在佐治亚州迪凯特市参观过一所小学——“国际社区学校”（ICS，International Community School）。该学校距亚特兰大约有 15 分钟的车程，学生人数为 400 人。其中半数学生是从索马里、埃塞俄比亚、厄立特里亚、利比里亚、塞拉利昂、布隆迪、波斯尼亚、伊拉克、阿富汗、古巴、缅甸等全世界 30 多个国家来的难民，母语语言超过 40 种，信仰的神也是多种多样。他们大多数是战争造成的难民，其中还有不少学生（及其父母）是 PTSD 患者和文盲。

从 20 世纪 90 年代开始，迪凯特市所在的迪卡尔布县每年都要接受超过 2 500 名难民，在全美也是规模最大的难民定居地之一。2002 年，三位修女——同时也是一直从事难民儿童志愿者活动的作家和著名私立学校的校长——联手创立了一所符合难民儿童需求——但绝没有将学生与当地社会隔绝开来——的特许学校（charter school，公设民营型的学校）。因为语言障碍，学校不能组织家长会等活动，遇到了许多困难和烦恼。尽管如此，在附近大学和当地居民的支援下，学生人数不断增加，在学业方面也取得了好成绩，现已被评价为佐治亚州最成功的特许学校之一。

在占所有儿童半数的当地儿童当中，有五成是黑人，两成是白人。有六成来自低收入阶层，但医生、律师、银行家等高收入阶层的子弟也不少。据说，这些孩子完全可以去私立学校上学，但是他们的父母却选择了这所学校，为的是让孩子接触到拥有更多样的社会、文化背景的同龄人，并让他们有机会体验现实世界的严酷。在这里，孩子们超越各种各样的差异建立起友情，同时也加深了与父母的交流和相互理解。

位于迪卡尔布县的石山（Stone Mountain）西侧曾经是主张白人至上主义的秘密组织三 K 党的一大据点。马丁·路德·金在其著名演讲“我有一个梦”（I Have a Dream）中提到过这里：“让自由之声响彻佐治亚州的石山！”（Let freedom ring from Stone Mountain of Georgia!）如今，在这片土地上，人们正在尝试进行种种象征着美国的公民统治原理和自我矫正能力的活动。

同时，这也让人联想起托马斯·潘恩于独立战争期间写作的《常识》（*Common Sense*，1776 年）中的话：“直到现在，自由在地球上到处遭受着迫害。啊，美国人呀，收留这些避难者，在这里建设人道主义的起点吧！”

ICS 发行的简报封面（2010 年 4 月）

新奥尔良和迪凯特之间有八个多小时的车程。如果说在飓风卡特里娜肆虐过后的新奥尔良，我看到的是美国式民主的阴暗面，那么在迪凯特，我看到的则是美国式民主光明的一面；假如我在新奥尔良看到的是美国式民主的悖论，在迪凯特看到的就是悖论的悖论——美国式民主恰恰存在于上述悖论之中。

后　记

自我首次接触美国研究以来，已经过去了 25 个年头。想起在长达半个世纪或者更长时间里一直从事美国研究的众多先行者，便颇为自己在学术上的稚嫩感到汗颜。虽说如此，能够在 25 年这个时间点上出版这部作品，我还是颇感欣慰的。

从计划出版本书的时候开始，岩波书店的上田麻理女士便给予了我许多帮助，可以说在各种意义上尽到了一位编辑的最大努力，在此对她表示衷心的感谢。即便不当编辑，她肯定也能写一本像样的书出来。但是，我的这本书却是没有她就不能出版的。

我对岩波新书也是有感情的。1994 年，我在攻读哈佛大学硕士学位期间回了一趟日本，偶然买到一册进藤荣一先生（筑波大学名誉教授）所著、岩波新书出版的《美国，黄昏的帝国》（1994 年）。在素有自由主义堡垒之称的哈佛大学，人们不仅对当时的共和党不满，就是对民主党的克林顿政府也颇有微词，当时我自己对应该如何给克林顿政府定位也还未有定论。我记得那时读到进藤先生清晰易懂的阐述，一下子便觉得头脑中的数个点连成了一条线。在日本，“结论先行”的、极端的美国论容易受到欢迎。而进藤先生的岩波新书却是一本即便放到美国也能让人信服的论述美国的书。能在日本读到这本书，我感到难能可贵。

出于这样一段回忆，这次在为岩波新书撰写关于美国的专业书籍的时候，我便特别注意其中观点和内容对有可能在美国某处阅读它的年轻人来说是否有说服力。关于这一点，从某种意义上讲,本书也是献给“那个时候”的我自己的。“那个时候”的我是否会认可现在的我以及我关于美国的论点？这个问题在我头脑中挥之不去。

其实，我对自己“美国研究者”的身份并不是很认同。我强烈地意识到，从根本上来说，我主要是对人类学——不是今天人们所说的狭义上的学科“人类学”（anthropology）,而是“人本学”（anthropologie）——感兴趣，而美国只是我在研究人本学时的研究领域（field）之一。

我在本科毕业后直接去美国读了硕士，此前既没有去过美国也没有留学经历，对美国的憧憬也并不强烈。说到底，我只不过想在美国学习人类学的最前沿理论而已。

实际上，和众多日本留学生一样，我也想过以日本（乃至日侨）为社会调查对象。但是，恩师努尔·亚尔曼教授和已故教授戴维·梅伯利·路易斯却对我说：“作为我们来说，希望来自日本的你研究美国而不是日本，特别是美国主流社会的情况。”就这样，我便半推半就地在波士顿进行了三年左右的社会调查，开始了正式的美国研究。这是我的真实经历。幸好，地域研究是一个非常深奥的领域，我这样的人也能在其中找到一席之地。但是，即便如此，我依然感到自己对美国的研究只不过是一种解开、重组逻辑谜团的简单作业，还称不上是亲美或反美、崇拜美国或排斥美国中的任何一类。

虽说如此，事实上，我从20岁到30岁之间的大部分时光都是在美国度过的，之后又访问过美国数十次，因此，我对美国的感情远远超过了“研究领域”的层面。在2008年总统选举举行的第二天，康多莉扎·赖斯国务卿曾动容地表示：“这个国家（美国）最伟大的地方之一就在于不断有让人惊奇的事发生，在于能不断地获得新生，在于能克服各种困难，超出人们的预想。”我感到，研究美国的困难和观察美国的喜悦也都浓缩在这句话里了。

在此，我想对我的过去稍做回顾。比如说，我记得在研究生入学典礼上，德里克·博克校长讲到了《绿野仙踪》中的狗“托托”的故事，这让我大吃一惊。大致情节是主人公的爱犬托托撞倒了大王房间里的屏风，结果发现令人生畏的大王不过是一个老态龙钟的小个子男人。我想，校长之所以会讲这个故事，一是想要鼓励我们在面对世界闻名的教授时无须胆怯，因为大家同样是人；二是提醒我们要追寻事物背后的本质。博克年仅

41 岁就升任大学校长，之后 20 年间一直担任哈佛大学的掌门人，他是一位有名的校长——也是优秀的法律学家和教育家。但是，他却并没有讲任何与笛卡尔、康德或者叔本华有关的事，而是引用了一部儿童文学作品来鼓励研究生，这让我深受感动。

博克这种远离权威主义和形式主义的态度正与第一任美国总统乔治·华盛顿相仿佛。华盛顿拒绝别人以"总统陛下"（His Elective Majesty）、"总统殿下"（His Elective Highness）、"阁下"（Your Mightiness）等生硬的欧式尊称来称呼自己，而是选择了"总统先生"（Mr. President）这个非常简单的称呼。

当时，在我入读的人类学系有 30 名左右专任教师，其中从哈佛大学毕业的仅有两三个人——这里没有派系，充满着开放的氛围。我记得全校有将近半数的人是外国人。我在研究生院待了六年半，其间我的指导教授从未强迫我做任何与自己的研究无关的杂务。这让我领会到，越是一流的学者越谦虚、越懂得体谅人。

在波士顿做社会调查期间，我也遇到了一系列让人吃惊和感动的事。

一位出身于"波士顿婆罗门"——他们是在美国历史中登场的常客——的女子，竟然与一名拥有褐色肌肤、出身于劳动者阶级、毕业于远离权力中心的地方州立大学的天主教男性订了婚。这名男性曾参与国外的反政府活动，还坐过牢。然而，这个女孩的家人却并不介意他的出身和经历，他们现在也过着幸福的生活。

出身于另一个名门望族的马萨诸塞州州长威廉·维尔德（共和党）有两位亲戚，他们对我说，因为政见不同，即便威廉参加联邦参议院竞选，他们也不会投他的票。而且，就连州长本人也曾不好意思地向媒体承认，自己的妻子和女儿反对他向公众做出的部分承诺。

这种自由的精神深深地打动了我。

上述两个家族都继承了政治上的“保守”主义。但是其中存在的开放的、自由的精神却从内部打破了派系区分。这使我不由想到，只要有这种自由存在，无论是“保守派”还是“自由派”都无关紧要。今天，我的这种想法越来越强烈了。

有这样一件事令我记忆犹新：共和党的科林·鲍威尔曾在里根政府担任总统助理，负责国家安全保障事务，他也曾在小布什政府里担任国务卿。在2008年的总统选举中，一部分共和党保守派人士四处宣扬“奥巴马是伊斯兰教徒”。就此，鲍威尔明言自己支持奥巴马，并警告这些人说：

> 如果有人问我奥巴马是不是伊斯兰教徒，我会说不是，他一直是基督教徒。然而，正确答案是，就算他是伊斯兰教徒又怎样？在美国，信仰伊斯兰教有什么问题吗？回答是否定的。在美国，这种事不应该是问题。

美国是一个由自由精神引导的公平社会。我之所以为之着迷，正是因为美国始终坚持着它的建国理念。

美国对档案的管理极为严格，就连日本也从很早以前就经常参考他们的做法。美国国家档案与文件署（NARA）位于华盛顿哥伦比亚特区，在这座档案馆的圆形大厅里，“自由宪章”（Charters of Freedom）——由《独立宣言》、美国宪法和《权利法案》三部“圣典”组成——被收藏在凝聚着最尖端的科学技术的特制展台里，供人参观。在夜间或发生紧急情况时，它们会被移送至位于展厅地下 20 英尺（约 6 米）处的避难所妥善保管。据说避难所非常坚固，足以抵抗原子弹爆炸带来的冲击。从这里便可看出美国这个国家是多么重视他们的统治原则。

当然，在现实生活中，上述精神和原理原则经常被人做出各种各样的解读，甚至被利用、被曲解、被断章取义或者被遗忘。有许多现实是与美国的建国理念水火不容的。但这并不能掩盖它的魅力。这种魅力，隐藏在日常生活的一个个片段、一个个小小的制度设计中，毋庸置疑。

最近有一件令我感动的事：美国贫困地区的公立学校成立了一个名为“为美国而教”（Teach for America）的公共项目，为期两年，年收入 25 000 美元左右，成了优秀大学生就业时的热门岗位。众所周知，奥巴马以优异成绩毕业于哈佛大学法学院，毕业后却未选择高收入和出人头地的捷径，而是选择了一个不起眼的职业——专门负责民权事务的律师，为救济贫困阶层做出了贡献。奥巴马这样的案例之所以能够产生，是因为其所身

（上）美国国家档案与文件署的圆形大厅（国家档案）；

（下）奥巴马总统在美利坚合众国宪法的原件前公布关闭关塔那摩美军基地内的集中营（2009 年 5 月 21 日，© 法新社，吉姆·沃特逊 摄）

处的文化环境——而这样的文化环境现在也依然存在于美国的部分地区之中。

在2008年的总统大选中，有很多年轻人为了支持奥巴马，甚至从自己的午餐费里省下几美元捐给他。或许总有一天会出现因为仰慕奥巴马而投身于政治的年轻人，就像当年那些仰慕肯尼迪总统的年轻人一样。要想挖苦这些人是很容易，但是，一个政治家能够被如此之多的年轻人崇拜和憧憬并吸引他们争相效仿，这在不信任感普遍存在且已成为常态的现代社会是一种极为罕见的现象。说实话，作为生活在日本的一个普通人，我感到有些羡慕。

只要有这种惊讶和感动存在，我对美国的留恋之情便不会消失，也会继续从事美国研究。

这次拙著的着眼点是“悖论”二字，也在书名中用了这两个字（即中文版的“逆说”——编者注）。某一理念或理想在意想不到的现实面前变得可笑——自古以来，社会学家和人类学家都对这种现象表示关注。

比如，本是为人们排忧解难而设计的制度，实际却束缚了人们的自由——这就是典型的悖论。德国社会学家马克斯·韦伯（1864—1920）的一大著名论断便是将这种臃肿化、僵硬化的制度比喻为“铁牢笼”，并指出人们被囚禁其中。“法律为人存在，而不是人为法律存在”——尽管我们都很熟悉这句话，但是，在现实生活中，目的和手段在不知不觉中发生颠倒的情况并不少见。

在 21 世纪前十年的日本，小泉纯一郎首相信奉新自由主义，一部分保守派政治家在其领导下主张放松管制。不仅如此，一部分原本期待旧有权力结构崩溃的自由派政治家也打着“改革”的旗号与其勾结。如今，这或许可以被称为一种悖论现象。

而我国一方面被称为“无缘社会”——其社会纽带之脆弱、共同体被割裂的情况令人担忧；另一方面，我却又听说在近几年的选举中，舆论的“墙头草”现象非常严重，而人际关系上的“随大流”现象也在增多。两种现实乍看似乎相互矛盾，但是或许其与托克维尔曾经担忧的美国民主中的悖论——“多数派的专制”有某种相似之处。

在写作本书的过程中，恐怕就是因为对上述日本的情况有所自觉，我才选择了当代美国社会几个令人担忧的悖论进行描述。当然，以美国社会为出发点来观察日本社会的做法是有些草率的，这一点需要读者充分注意。不过，拙作对先进的民主主义国家和高度现代化的社会中弥漫的担忧和不信任的气氛进行了考察，若这种考察能给予读者一定的启示，我将感到十分荣幸。

在撰写本书的过程中，我在引用前人著作与论文的同时，也使用了自己写的社会调查报告，并尽可能交叉使用上述两种文献和资料来构成本书的主要内容。日本和美国在信息上的距离正在不断缩小，这是以前所没有的现象。我认为在研究分析美国社会时，需要对庞大的信息进行取舍并选择其中有用的和切题的部分。为此,理论和实践之间的往复运动比以往更为重要。或许，这正是只需一次点击就能获取信息的互联网时代的一个悖论。

***

本书正文最后介绍了佐治亚州迪凯特市的“国际社区学校”（ICS）。

那里有仅用负面悖论无法解释的美国社会的另一面。

而在本书的末尾，我想介绍 2010 年春哈佛大学毕业典礼上的一篇演讲。当时，从我首次来到美国算起，正好过去了 20 个年头。

演讲人是吉米·廷戈（Jimmy Tingle）。

他出生于哈佛大学所在地——马萨诸塞州的剑桥，并在那里长大成人。他也是一位闻名全美的喜剧演员。就在那一年春天，廷戈终于从哈佛大学肯尼迪行政学院的职业中期课程毕业。让一名时年 55 岁、身为职业喜剧演员的学生作为全体毕业生的代表上台讲话，这是极为罕见的事情：

（欢声雷动）

谢谢。今天早上能站在这里，我感到很荣幸。

我的名字是吉米·廷戈。这是我的真名。（哄堂大笑）

我就在这里——马萨诸塞州剑桥市出生、长大。（欢声雷动）

让我在哈佛大学毕业典礼上讲话是很不合适的，因为我不是学者。关于这件事，我说得越多你们就会越明白。（哄堂大笑）

我的职业是喜剧演员。20 世纪 80 年代初，我在波士顿一带开始了表演生涯。我还在那边的哈佛广场（Havard Square）上演过戏。我曾到世界各地巡回演出。虽然这事不值一提，不过，两年前，我还在欧洲演过喜剧。（哄堂大笑）

那真是一个很棒的“国家”。（哄堂大笑）

今天早上能够站在这里，我感到很欣慰。因为大家都听得懂我的笑话。（哄堂大笑）

我是在剑桥悠久的文化传统中长大的。

我以前就住在哈佛大学的旁边。（哄堂大笑）

我父亲以前经营一家出租汽车公司，就开在哈佛广场上。哈佛大学的教授在车里跟我父亲讲了很多事情。回家之后，父亲又跟我们讲了这些听来的事。（哄堂大笑）

几代人以来，哈佛大学一直为优秀学生提供奖学金。

从我上小学三年级起，今天也在场的母亲就一直对我说：“吉米，只要你刻苦学习，总有一天能考上哈佛大学。”

但是，等我上了六年级，母亲就不再这么讲了。（哄堂

大笑）

在上初二之前，我的邻居都以哈佛大学为目标。虽说如此，他们也不是为了拿奖学金，而是因为那里是偷自行车最好的地方。（哄堂大笑）

我现在还记得在这个院子里四处躲藏的情形。（哄堂大笑）

大概 40 年前，我被哈佛的学生、教授和校警一起追着跑过。（哄堂大笑）

20 世纪 60 年代，在其他大学，学生和大学当局因为民权和越战问题而严重对立。但是在哈佛大学这里，我和我的朋友却让学生、教授和警察团结起来。（哄堂大笑）

我的宗教信仰也是在校园里形成的。那时，我一边被追赶着，一边拼命祈祷："上帝呀！别让我被抓到。我再也不敢了。妈妈会杀了我的。妈妈想让我上哈佛大学。妈妈是认真的。"（哄堂大笑）

那时我才发现自己已经是弥撒的侍从了，已经是天主教徒了。在偷自行车之前我就应该祈祷。（哄堂大笑）

今天早上，我代表曾经是地痞流氓的剑桥和波士顿地区的所有年轻人，向聚在这里的同窗道歉，因为我们有可能曾经以不正当的手段盗窃了大家的自行车。对不起。（哄堂大笑）

各位毕业生，我认为你们中的多数未来将在商界、政界或者政府部门就业、出人头地，拥有巨大的权力和影响力。你们会经受要滑头、撒谎、盗窃和欺骗的诱惑。今天我能给大家的忠告只有一个：“在犯罪前，要找向导。”（哄堂大笑）

请相信我说的话，自己向上帝求救远比在毕业典礼上请求原谅要有面子得多。（哄堂大笑）

我并没有因为年轻时犯的小小罪过而受到惩罚，对此我要表示感谢。如果我因当时的不正当行为遭到报应，今天就不可能和大家在这里相聚了。我的人生也会向不同的方向发展吧。或许现在就在华尔街工作了。（哄堂大笑）

虽然我一直想去上学，但又总觉得太晚了。不过，在家人、朋友和伙伴的鼓励下，我还是报了名。和大家一样，在接到录取通知书的时候，我感到喜出望外，简直难以置信。我对妻子说：“这简直难以相信。虽然花了好多年的时间，但我终于考上了哈佛大学……看来他们真的很需要在毕业典礼上做演讲的人。”（哄堂大笑）

自打那以后，大家都这样问我：“吉米，你一个喜剧演员，为什么要上哈佛大学？”其实，我上哈佛大学的理由和大家一样，只是因为考上了。（哄堂大笑）

然后，和大家一样，在大学里，新的挑战在等着我。对我来说，最大的挑战是统计学。幸运的是，教这门课的是狄波拉·休·哈雷特老师，她很优秀，具有奉献精神。（一

起鼓掌）

她热心地开设了补习课，我每次都去。我在那儿总是看到熟悉的场景——我和19个留学生。（哄堂大笑）

这些学生来自动荡不安的国家。在这里，他们互相帮助。印度人、巴基斯坦人、土耳其人、希腊人、以色列人和巴勒斯坦人……大家相互学习，彼此扶持，超越了民族、种族和宗教的界限。虽然我的波士顿口音很重，但我还是要说，大家都以英语为第二语言。（哄堂大笑）

今天，我们能在这里相聚，都是因为得到了别人的帮助：家人、朋友、同事、老师、大学管理部门、奖学金、上帝或者神圣的权威……总之是得到了某人、某事的帮助。今后轮到我们帮助别人了。这就是所谓的教育。这才是人类进步的基础。我从心底这样相信。（一起鼓掌）

只要拥有物质上、精神上和知识上的帮助，这个世界上就几乎没有不可能的事。

参加补习的学生都顺利地取得了学分。有人在统计学课上得到了“A（优）”的好成绩。

我的成绩是“B（良）”。（哄堂大笑）

对我来说，这就是奇迹了。（哄堂大笑）

不，说实话，我的成绩是“B－”。（哄堂大笑）

是个小奇迹。（哄堂大笑）

但是，如果说因为得到了必要的帮助，我就能在哈佛

大学研究生院的统计学课上得到“B－”的成绩，那么世界和平也是一件非常有希望实现的事情。谢谢。（一起鼓掌）

与奥巴马的总统就职演说和他在“国际社区学校”的演讲相比，哈佛大学的吉米·廷戈的演讲只不过是日常生活中小小的一幕。

但是，就是这小小的一幕场景，也展现出了美国那让我为之着迷的、充满希望的一面：乐观，向上，宽容，公平。

希望奥巴马总统早日访问日本核爆区

2010 年夏，于缅因州肯纳邦克港

图书在版编目(CIP)数据

逆说美国的民主 /(日)渡边靖著 ; 米彦军译. --
北京 : 新星出版社, 2019.10
ISBN 978-7-5133-3680-2

Ⅰ. ①逆… Ⅱ. ①渡… ②米… Ⅲ. ①民主-研究-
美国 Ⅳ. ①D771.221

中国版本图书馆CIP数据核字(2019)第179398号

逆说美国的民主
[日] 渡边靖 著
米彦军 译

责任编辑 汪 欣
特邀编辑 高 云
装帧设计 周伟伟
内文制作 李 娜 贺 彪
责任印制 史广宜

出 版 新星出版社 www.newstarpress.com
出 版 人 马汝军
社 址 北京市西城区车公庄大街丙3号楼 邮编 100044
电话 (010) 88310888 传真 (010) 65270449
发 行 新经典发行有限公司
电话 (010) 68423599 邮箱 editor@readinglife.com
印 刷 山东鸿君杰文化发展有限公司
开 本 787毫米×1092毫米 1/32
印 张 7.75
字 数 147 千字
版 次 2019年10月第1版
印 次 2019年10月第1次印刷
书 号 ISBN 978-7-5133-3680-2
定 价 45.00 元

AMERIKAN DEMOKURASHI NO GYAKUSETSU
by Yasushi Watanabe

First published 2010 by Iwanami Shoten, Publishers, Tokyo.
This simplified Chinese edition published 2019
by ThinKingdom Media Group, Limited, Beijing
by arrangement with the proprietor c/o Iwanami Shoten, Publishers, Tokyo

著作版权合同登记号：01-2019-1615